AF385532

PRÉCIS

DES OPÉRATIONS

DE

L'ARMÉE DES PYRÉNÉES.

DE L'IMPRIMERIE DE GOETSCHY,
Rue Louis-Le-Grand; n° 27.

A L'ARMÉE DES PYRÉNÉES
Oudinot
Molitor
Hohenloe
Moncey
Lauriston
Lith. de Langlumé

PRÉCIS

DES OPÉRATIONS

DE

L'ARMÉE DES PYRÉNÉES,

EN 1823,

SOUS LES ORDRES

De S. A. R.

Mgr. le Duc d'Angoulême;

AVEC LE TABLEAU DE TOUS LES MILITAIRES QUI SE
SONT DISTINGUÉS DANS CETTE CAMPAGNE.

PAR LE CHEV. BARNY-ROMANET.

PARIS,

CLÉRISSE, Éditeur, rue St.-Jacques, n° 134;
SANSON, libraire, boulevard Bonne-Nouvelle.

1823.

PRÉCIS

DES OPÉRATIONS

DE

L'ARMÉE DES PYRÉNÉES.

———

Lorsque la révolte eut donné dans l'île de Léon, le signal aux révolutionnaires de tous les pays, nos yeux se tournèrent avec inquiétude vers l'Espagne. Sa révolution qui n'était encore menaçante que pour notre avenir, dépouillait le présent de sa sécurité. Bientôt, les événemens de Naples où l'on proclamait la constitution des cortès d'Espagne; ceux de Turin où se répétaient les scènes de Madrid et de Naples, et dont le contre-coup se fit sentir jusqu'à Grenoble, nous apprirent que le moment approchait où le volcan mal éteint de nos discordes civiles allait se rallumer. La révolution ne s'était emparée de l'Espagne que pour s'étendre plus tard jusqu'à nous. Nous étions circonvenus et comme assiégés par un système de perfidies, de fraude et de haine dont il fallait à tout prix nous affranchir : ce ne fut donc ni l'ardeur des conquêtes, ni le projet insensé d'arracher un peuple à ses lois, qui nous pressa et nous jeta hors de nos frontières. Ce fut le soin de notre vie politique ; ce fut le besoin de sauver la monarchie légitime ; en un mot, ce fut la nécessité. Le fléau de la peste qui désolait Barcelone, venait de nous imposer le devoir d'établir un cordon sanitaire : cette mesure n'avait rien d'hostile pour l'Espagne ; nous l'avions employée en 1720 contre la Provence, victime d'une semblable contagion. Malgré ces précautions, nous regardions si peu alors l'Espagne comme notre ennemie, que nous envoyâmes vers elle des médecins avec mission d'étudier le mal et de le secourir. Certes le bon voisinage ne pouvait aller plus loin : cependant quelle fut alors la conduite de l'Espagne? Elle accueillit dans son sein les

..riminels d'État échappés à l'action de nos tribunaux. La faction qui dominait la Péninsule fit insérer dans les journaux anglais des chansons outrageantes pour la maison de France, où l'on excitait nos troupes à la rébellion. Des agens soldés par les *descamisados*, complottaient à Paris avec les révolutionnaires. Les feuilles espagnoles étaient continuellement remplies de diatribes contre notre gouvernement. Les révélations publiques se trouvèrent confirmées par des révélations particulières : ainsi tomba le voile ; et les perturbateurs de l'Europe se croyant sûrs du succès, se livraient contre la France à un langage dont l'audace surpassait à peine l'indiscrétion. Nous ne pouvions raisonnablement fermer les yeux sur des périls aussi imminens. A mesure que les événemens se développaient, d'autres causes légitimes de guerre contre le gouvernement espagnol venaient se joindre aux premières. La guerre civile envahissant la Péninsule avec une effrayante rapidité, augmentait nos dangers ; et, d'un autre côté, la majorité du peuple espagnol nous appelait à son secours, ce qui, dans le droit des nations, a toujours été considéré comme un motif légal d'intervention. Cependant le Roi avait espéré que le rappel du comte de Lagarde, son ambassadeur à Madrid, serait un dernier avertissement pour la faction qui dominait l'Espagne, et qu'enfin éclairée par les dangers, elle consentirait à rétablir l'harmonie entre deux pays qui ne pouvaient pas être ennemis. Mais les espérances de S. M. furent déçues, il fallut recourir aux armes, pour mettre fin à un état de choses qui compromettait l'honneur et la sûreté de la France. En conséquence, Mgr. le Duc d'Angoulême agissant d'après les ordres de son Souverain, se disposa à entrer en Espagne à la tête d'une armée de cent mille hommes. Alors, s'ouvrit cette campagne dont le plan tracé par S. A. R. fait l'admiration des hommes qui s'occupent de l'art militaire. La Catalogne eut son armée à part, où les généraux Damas, Donnadieu, Curial, d'Eroles, sous les ordres d'un maréchal vétéran de l'honneur et de la gloire, montrèrent tout ce que peut l'activité réunie à la patience et au courage. En même-temps les places fortes de la Navarre et des Biscayes furent masquées par les généraux Hohenlohe, Canuel et d'Espagne. Deux colonnes, l'une sous la conduite du comte Molitor, l'autre sous les ordres du général Bourck, furent chargées de délivrer du joug révolutionnaire l'Aragon, les royaumes de Valence et de Murcie, les Asturies et la Galice. Au centre de ces deux colonnes, qui nettoyant les côtes occidentales et orientales de l'Espagne, devaient ensuite se rejoindre sous les murs de Cadix, marchait la colonne qui, sous les ordres mêmes du Prince généralissime, devait arriver par un chemin plus direct au dernier rempart de la révolution. Le Prince s'arrête un moment à Madrid, organise le gouvernement Espagnol que les grandes puissances du continent reconnaissent, envoie devant lui les généraux Bourmont et Bordesoult, dirige le mouvement des divisions Bourck et Molitor, et lorsqu'elles sont parvenues à la hauteur déterminée, va lui-même emporter le Trocadero, bombarder Cadix, forcer cette ville réputée imprenable à lui ouvrir ses portes, et à lui rendre le royal prisonnier. Une nouvelle réserve entrait toutefois en Espagne sous les ordres du maréchal Lauriston, pour enlever Pampelune, se porter ensuite sur Lérida, et hâter la réduction de la Catalogne, où Figuières tombait, par le brillant fait d'armes de Llers et Llado. Figuières, Pampelune, Saint-Sébastien, Santona élargissaient, en capitulant, la barrière par laquelle nous étions entrés en Espagne, et dégageaient une vingtaine de mille hommes qui pouvaient se porter partout où leur présence aurait été nécessaire. Ainsi en moins de six mois, l'armée française s'avança des rives de la Bidassoa à la baie de Cadix, en touchant à tous les points de la Péninsule. Dans ce court espace de temps, nous allons la voir parcourir plus de mille lieues de terrain, livrer des combats, faire des siéges, emporter des forteresses d'assaut, pour venir étouffer la révolution Espagnole au lieu même de sa naissance, dans cette île demeurée inaccessible à la puissance de Buonaparte. Nous allons voir notre marine renaissante, prendre part dans cette expédition, aux succès de notre armée de terre, en nous facilitant l'occupation des places les plus importantes. Cette guerre fit en quelques mois ce que trente ans de paix auraient eu de la peine à faire : elle réunit sous le même drapeau, les soldats de Waterloo et de la Vendée. Dans cette guerre, les soldats français, qui se modèlent toujours sur leur capitaine, se montrèrent religieux, disciplinés, intrépides, et réfléchirent pour ainsi dire, dans chacun de leurs combats, l'image et les vertus de leur illustre chef. L'Europe attentive a contemplé, sans doute avec étonnement, une expédition vraiment chevaleresque, et la postérité ne pourra refuser son admiration respectueuse au Prince auguste qui a présidé à des victoires que la morale réclamait et que la religion bénit.

Le quinze mars 1823, à huit heures du matin, Mgr. le duc d'Angoulême prit congé du Roi et de son auguste famille. A neuf heures précises, S. A. R. monta en voiture

avec le duc de Guiche, son aide-de-camp.
Deux autres voitures, dans l'une desquelles
étaient MM. Lecouteulx de Canteleu et Melchior de Polignac, et dans l'autre, quelques
officiers de la maison du prince, suivaient
immédiatement la voiture de S. A. R. Une
affluence considérable s'était portée dans la
cour des Tuileries, et salua Monseigneur à
son départ, d'un concert de *vivat* prolongés.

Le même jour, à quatre heures après-
midi, le prince était à Orléans : bien qu'il
se fût refusé à tous les honneurs qui lui
étaient dus, une partie de la population s'était
réunie sur son passage. Depuis la porte de la
ville jusqu'à la préfecture, il fut accuelli par
les acclamations les plus vives et les plus
vraies. A six heures, S. A. R. se mit à table,
et y admit plusieurs fonctionnaires publics.
Après le dîner, elle passa dans le salon de réception, et traversa à plusieurs reprises les
groupes qui occupaient le centre, pour adres-
ser à chacune des dames qui formaient le
cercle, des paroles pleines d'esprit et de
bonté. Dans la matinée du 16, Mgr. se rendit à la cathédrale pour y entendre la messe,

il monta ensuite dans sa voiture , à la porte de l'église, après avoir remis au maire d'Orléans , 1000 francs pour les pauvres.

Monseigneur arriva à Limoges le 17 à cinq heures du soir. En faisant prévenir le préfet de son passage , le prince avait interdit tout cérémonial. Petit-fils du bon Béarnais , il n'ambitionnait comme lui, dans la réception qu'on devait lui faire, que la cordialité franche qu'assaisonne toujours cette gaîté qu'on peut dire toute française. Lui - même en donna l'exemple, car dès les premiers pas qu'il fit dans l'hôtel de la préfecture , il daigna reconnaître, avec la grâce la plus aimable, l'appartement qu'il avait occupé toutes les fois qu'il honora Limoges de sa présence. S. A. R. avait bien voulu désigner parmi les principales autorités du département , les fonctionnaires qui devaient avoir l'honneur de prendre place à sa table. Pendant le dîner, où chacun des convives fut l'objet d'une attention flatteuse, la conversation fut aussi animée que les convenances pouvaient le permettre, quoique l'affabilité du prince sem-

blât effacer entièrement toute idée de gêne
et d'étiquette. Le lendemain de son arivée à
Limoges, Monseigneur, après avoir entendu
la messe dans ses appartemens, se disposait
à monter en voiture, lorsque ses pas furent
arrêtés par une infortunée qui venait réclamer une part de ce trésor inépuisable de
bonté et de clémence, qui est peut-être le
plus précieux apanage des princes de l'auguste famille de Bourbon. Son âme fut émue
à l'aspect de la beauté éplorée : il promit, il
accorda son généreux appui ; et les spectateurs, attendris d'une scène si touchante,
éprouvèrent, avec plus d'amertume encore,
le regret de se voir sitôt privés de la présence
d'un prince si digne de leur amour. Avant
son départ, S. A. R. songea aux indigens.
Elle leur fit distribuer une somme de mille
francs par le préfet de la Haute-Vienne. Monseigneur s'achemina ensuite vers Toulouse.

Le prince, déjà salué sur son passage à
une grande distance de cette ville, par une
foule empressée d'accourir à sa rencontre,
entra dans les murs de Toulouse le 20 mars

à quatre heures du soir, escorté des généraux Pamphile-Lacroix, Barbot, Raynaud, et d'un brillant état-major.

Des Espagnols avaient placé à l'entrée de la rue Boulbonne, les drapeaux français et espagnols réunis, sur l'un desquels était représenté Ferdinand, les mains chargées de chaînes, que le duc d'Angoulême rompait avec son épée victorieuse.

Le Prince descendu au Palais-Royal, resta dans ses appartemens jusqu'à six heures; on servit alors le dîner. Vingt-cinq personnes furent admises à la table de S. A. R. : madame de Lambertie, le duc de Guiche; les généraux Bordesoult, Pamphile-Lacroix et Barbot; les deux préfets du Tarn et de la Haute-Garonne; le maire de Toulouse, le comte Melchior de Polignac, MM. Lecouteulx-Canteleu et de Lahitte aide de-camp de Monseigneur; le président d'Aldéguier; le général Raynaud, commandant le département; le comte d'Aguilar, colonel de la garde-nationale; M. Bourdon, intendant militaire; enfin les colonels des divers régimens en garnison à Toulouse. Le cardinal archevêque ne put répondre à l'invitation du Prince, qui lui en exprima ses regrets. A huit heures et demie, le Prince passa dans le salon, où tout ce que la ville comptait de personnes distinguées par leur rang, leur nom, leurs emplois, s'était empressé de venir présenter ses hommages à S. A. R. Le prince, les accueillit avec sa bienveillance ordinaire.

Il répondit au maire : « Je suis sensible » aux sentimens que vous me témoignez au » nom de la bonne ville de Toulouse, j'en » conserverai le souvenir avec reconnais- » sance, et ce sera toujours avec un nouveau » plaisir que je me reverrai au milieu de » vous. »

Au recteur de l'Académie à la tête des fa- cultés : « Je vous remercie des sentimens » que vous m'exprimez au nom de l'Aca- » démie ; je sais que le Roi peut compter » sur vous, pour apprendre à la jeunesse qui » vous est confiée, à aimer Dieu, le Roi et les » institutions qu'il a données à son peuple ».

A M. le président d'Aldéguier à la tête de la Cour royale : « Je sais que la Cour » royale de Toulouse est bien compo-

« sée, et qu'elle remplit très-bien ses devoirs. » A M. de Lartigue, vice-président
« du tribunal civil, en l'absence de M. Mar-
« tin Bergerac président : « Je suis très-
« sensible aux sentimens que vous m'ex-
» primez au nom du tribunal civil de Tou-
» louse; c'est toujours avec une nouvelle sa-
» tisfaction que je me retrouve au milieu des
» bons habitans de cette ville : le Roi m'a confié
» une mission que je tâcherai de remplir le
» mieux qu'il me sera possible. » Plusieurs
Espagnols de distinction eurent également
l'honneur d'être présentés au Prince et en
reçurent l'accueil le plus flatteur : on remarquait parmi eux, les archevêques de
Valence et de Tarragonne, et MM. Mataflo-
rida, Eguia, Ortaffa, Gisper, membres de
l'ancienne régence d'Urgel. Parmi les paroles
de S. A. R., on remarqua ces mots adressés
à l'archevêque de Valence : « J'espère vous
« voir bientôt à Valence. »

Le prince rentra dans ses appartemens
avant dix heures. Le lendemain il partit pour
Carcassonne à neuf heures du matin, après
avoir entendu la messe dans la chapelle du

Palais-Royal. La foule toujours avide de con-
templer les traits d'un prince chéri, n'avait
cessé d'assiéger la porte du palais pendant
toute la soirée de la veille. Elle s'y porta
avec le même empressement dans la matinée,
et suivit la voiture jusqu'au delà des portes
de la ville, avec les plus vives démonstrations
de respect et de dévouement.

A quatre heures un quart de l'après-midi,
le prince arrivait à Carcassonne, au milieu
des acclamations d'une population immense
qui s'était portée sur son passage. Rendu à
l'hôtel de la préfecture, S. A. R. y fut reçue
par les principaux fonctionnaires publics,
qui avaient respecté ses ordres en n'allant
pas le complimenter à l'entrée de la ville.
Après le dîner, auquel avaient été invités les
chefs des autorités ; le prince trouva dans le
salon une réunion nombreuse de dames,
qu'il accueillit avec une touchante affabilité.
S. A. R. quitta Carcassonne le 22, à sept
heures et demie du matin, après avoir entendu la messe dans ses appartemens.

A quatre heures du soir, S. A. R. entra à
Perpignan, au bruit de l'artillerie des forts.
Une multitude ivre de joie s'était portée

au devant de la voiture du prince, qui avait à ses côtés, le duc de Guiche. Le cortège s'arrêta à l'hôtel de la préfecture. Parmi les autorités civiles et militaires admises auprès de Monseigneur, au moment de son arrivée, on remarquait le maréchal Moncey, le vicomte de Gasville, consul français à Barcelone, et le baron d'Éroles, dont le quartier général était depuis quelques jours à Banyuls-dels-Spres. Le dimanche des Rameaux, lendemain de l'arrivée de Monseigneur à Perpignan, le prince fit célébrer la messe dans ses appartemens. Quelques instans après, il monta en voiture avec le maréchal Moncey pour se rendre à la plage de Canet, où se trouvaient réunis plusieurs corps de différentes armes. Il était midi lorsque le prince arriva sur le terrain. Un autel avait été dressé pour la célébration d'une messe militaire. Après le service divin, eut lieu la revue de S. A. R., qui fit exécuter aux troupes de grandes manœuvres. A la fin de ces manœuvres, qui durèrent jusqu'à quatre heures, plusieurs étrangers de distinction furent présentés au prince. De ce nombre, furent le général Romagosa, qu'il suffit de nommer pour se rappeler tout ce que le dévouement et la fidélité peuvent inspirer de noble et de généreux. Ce brave défenseur de l'autel et du trône, était accompagné de Mosen-Anton-Coll, dont le nom sera inscrit avec honneur dans les fastes de l'armée de la Foi.

S. A. R., partit de Perpignan le 24, à neuf heures du matin. Le même jour, elle arriva à Carcassonne à six heures. Quoique le temps fût pluvieux, il semblait que la ville eût doublé sa population, par l'arrivée des habitans de la campagne et des villes voisines. Le lendemain à sept heures et demie du matin, elle reprit la route de Toulouse, qu'elle quitta le 25 pour aller à Tarbes.

Le 26, une députation composée de l'élite du département de l'Arriége, ayant à sa tête le préfet, baron de Mortarieu, vint présenter ses hommages au prince, qui daigna lui répondre : « Je n'ai pas oublié l'accueil que » m'ont fait les Arriégeois, que je revois tou- » jours avec plaisir, et j'oublierai encore » moins qu'en 1815, ce sont eux qui m'ou- » vrirent les portes de la France. »

Deux jours après, le prince favorisé par le plus beau temps du monde, arriva à Tarbes à cinq heures du soir. La population entière de cette ville et des environs, obstruait les places et les rues, et faisait retentir les airs de son allégresse. Le préfet, sa femme, les quatre généraux qui se trouvaient à Tarbes, plusieurs membres du conseil général, le président du tribunal civil, le secrétaire général de la préfecture, le doyen des conseillers, les sous-préfets, le maire de Tarbes et le sous-intendant militaire furent admis à la table du prince, qui permit ensuite de lui présenter individuellement toutes les personnes susceptibles de cet honneur.

Le 29 à huit heures, S. A. R. entendit l'office du Samedi-Saint à la cathédrale. A onze heures, elle passa la revue de deux babataillons du 4e de ligne et de l'artillerie à pied et à cheval. Elle parla aux officiers et à beaucoup de soldats dans les rangs. « Vous » êtes un ancien? dit-elle à l'un d'eux. — » Oui Monseigneur. — « Tant mieux, répli- » qua S. A. R., vous servirez de modèle et » d'instructeur à nos jeunes gens.

Le même jour à midi, le prince prit la route de Pau, laissant les Tarbois pénétrés de son affabilité. Avant son départ, il fit remettre aux curés, par le comte de Polignac, pour le soulagement des pauvres, une somme de 5oo francs. En montant dans sa voiture, S. A. R. dit au baron de Gonnes, maire de Tarbes : « Veuillez faire connaître à vos ha» bitans, que je suis enchanté de la bonne » et aimable réception qu'ils m'ont faite, » adieu, M. le maire, au revoir. »

On raconte qu'à son passage à Villefranche, le prince demanda s'il était loin des propriétés de M. de Villèle, et ajouta ensuite « que l'arrondissement de Villefranche s'é» tait bien signalé en donnant à la France » un si bon député et un si bon ministre. »

Au cercle qui avait eu lieu précédemment au Palais-Royal à Toulouse, S. A. R dit à madame d'Encausse, sœur de M. de Villèle : « Vous devez souvent recevoir des nouvelles » de M. de Villèle, c'est un bon ministre, » il sert bien le Roi. » M. d'Encausse qui était présent, répondit que M. de Villèle devait

s'estimer heureux de consacrer sa vie au service de son prince; « Oui, reprit S. A. R.,
» M. de Villèle sert bien son Roi. »

Le 30 mars, à sept heures et demie du
soir, le prince généralissime fit son entrée
à Bayonne; dès la veille on était prévenu de
son arrivée; toutes les troupes de la garnison étaient sous les armes; un peuple innombrable occupait toutes les avenues où
passa le prince. Il fut accueilli par les plus
vives acclamations de joie, et aux cris mille
fois répétés de *vive le Roi, vivent les Bour-
bons, vive Monseigneur le duc d'Angoulême.* Le lendemain matin toutes les autorités civiles et militaires, ainsi que les chefs
de l'armée royale Espagnole, furent admis
à l'honneur de présenter leurs hommages à
S. A. R. Le premier avril, ce prince passa en
revue toutes les troupes de la garnison.

Le 2 avril, le Prince généralissime adressa
au peuple Espagnol une proclamation con-
çue en ces termes :

« Espagnols,

» Le roi de France, en rappelant son am-

» bassadeur de Madrid, avait espéré que
» le gouvernement Espagnol, averti de ses
» dangers, reviendrait à des sentimens
» plus modérés, et cesserait d'être sourd aux
» conseils de la bienveillance et de la rai-
» son. Deux mois et demi se sont écoulés,
» et S. M. a vainement attendu qu'il s'éta-
» blît en Espagne un ordre de choses com-
» patible avec la sûreté des états voisins. »

« Le gouvernement français a supporté,
» deux années entières, avec une longanimité
» sans exemple, les provocations les moins
» méritées. La faction révolutionnaire qui a
» détruit dans votre pays l'autorité royale,
» qui tient votre roi captif, qui demande sa
» déchéance, qui menace sa vie et celle de
» sa famille, a porté au-delà de vos fron-
» tières ses coupables efforts; elle a tout
» tenté pour corrompre l'armée de S. M.
» T. C., et pour exciter des troubles en
» France, comme elle était parvenue, par
» la contagion de ses doctrines et de ses
» exemples, à opérer les soulèvemens de Na-
» ples et du Piémont; trompée dans ses cou-
» pables espérances, elle a appelé des traî-

» tres condamnés par nos tribunaux à con-
» sommer sous la protection de la rebellion
» triomphante, les complots qu'ils avaient
» formés contre leur patrie. »

» Il est temps de mettre un terme à l'anar-
» chie qui déchire l'Espagne, qui lui ôte le
» pouvoir de pacifier ses colonies, qui la
» sépare de l'Europe, qui a rompu toutes
» ses relations avec les augustes souverains
« que les mêmes intentions et les mêmes
» vœux unissent à S. M. T. C., et qui
» compromet le repos et les intérêts de la
» France. »

» Espagnols, la France n'est point en
» guerre avec votre patrie. Né du même sang
» que vos rois, je ne puis désirer que votre
» indépendance, votre bonheur et votre
» gloire, je vais franchir les Pyrénées à la
» tête de cent mille Français; mais c'est pour
» m'unir aux Espagnols amis de l'ordre et
» des lois; pour les aider à délivrer leur Roi
» prisonnier, à relever l'autel et le trône, à
» arracher les prêtres à la proscription, les
» propriétaires à la spoliation, le peuple en-
» tier à la domination de quelques ambitieux

» qui, en proclamant la liberté, ne prépa-
» rent que la ruine de l'Espagne. »

» Espagnols ! tout se fera pour vous et avec
» vous : les Français ne sont et ne veulent
» être que vos auxiliaires; votre drapeau
» flottera seul sur vos cités; les provinces tra-
» versées par nos soldats, seront administrées
« au nom de Ferdinand par des autorités
» Espagnoles, la discipline la plus sévère
» sera observée; tout ce qui sera nécessaire
» au service de l'armée sera payé avec une
» religieuse exactitude. Nous ne prétendons
» ni vous imposer des lois, ni occuper votre
» pays; nous ne voulons que votre délivrance.
» Dès que nous l'aurons obtenue, nous ren-
» trerons dans notre patrie, heureux d'avoir
» préservé un peuple généreux des malheurs
» qu'enfante une révolution, et que l'expé-
» rience ne nous a que trop appris à con-
» naître. »

Le 3 avril, le prince généralissime fit pu-
blier l'ordre du jour suivant :

Soldats !

« La confiance du Roi m'a placé à votre

» tête pour remplir la plus noble mission ; ce
» n'est point l'esprit de conquête qui nou a
» fait prendre les armes ; un motif plus géné-
» reux nous anime ; nous allons replacer un
» roi sur son trône, reconcilier son peuple
» avec lui, et rétablir dans un pays en proie
» à l'anarchie, l'ordre nécessaire au bonheur
» et à la sûreté des deux états.

« Soldats, vous respecterez et ferez res-
» pecter la religion, les lois et les propriétés ;
» et vous me rendrez facile l'accomplisse-
» ment du devoir qui m'est imposé, de main-
» tenir les lois de la plus exacte discipline. »

Le 7 avril, dès cinq heures du matin, le
prince généralissime fit célébrer la messe
sur toute la ligne de son armée, et après
cette auguste cérémonie, rendue plus solennelle encore par l'événement qui se pré-
parait, le mouvement de l'armée commença à s'effectuer. Le premier corps,
sous les ordres du maréchal Oudinot duc de
Reggio, qui dès la veille s'était réuni en
avant d'Urugne, se disposa à passer la Bidassoa sur le pont de bâteaux jeté au pas de
Béhobie par l'artillerie dirigée par le gé-

néral Tirlet; mais au moment de cette opération, on vit paraître sur l'autre rive une
troupe de transfuges français et italiens qui
déployaient le signe de la révolte et provoquaient par leurs clameurs, nos soldats à la
désertion. Vive l'artillerie française! s'écrièrent ces malheureux à la vue d'une de nos
pièces de canon. *Oui, vive l'artillerie!* répondit avec énergie le maréchal-de-camp
Vallin, *mais vive le Roi! feu!* à ce commandement et au même instant, une compagnie
du neuvième léger qu'on avait masquée, déboucha, et acheva de disperser ceux que la
mitraille avait épargnés.

Ce fut ainsi que les troupes françaises
donnèrent une première preuve de leur
inébranlable fidélité à leur légitime souverain.

Les officiers transfuges Mallet et Delamothe, déjà compromis dans divers complots, furent, dit-on, reconnus parmi les
morts restés sur le champ de bataille.

Le régiment *Impérial Alexandre*, commandé par Al. O'donnel, et qui se trouvait
à Irun, tranquille spectateur de l'entreprise

insensée de nos transfuges, s'était retiré vers Saint-Sebastien, abandonnant ses postes retranchés. La bande de Firmin, qui occupait Fontarabie, avait également fui à l'approche de nos troupes.

Monseigneur le duc d'Angoulême passa aussitôt la Bidassoa à la tête de l'armée et fut accueilli à Irun, où il arriva à six heures, par les acclamations d'un peuple fatigué du joug révolutionnaire.

La première division du corps du maréchal Oudinot, se porta à Oyarsun sur la route de Tolosa; l'avant-garde fut poussée jusqu'à Ernani. La division Bourck occupa le fort du Passage et le fort Isabelle. La division Obert établit son bivouac en arrière d'Oyarsun. Enfin le deuxième corps, sous les ordres du comte Molitor, suivit les mouvemens du premier.

Pendant que les choses se passaient ainsi, le général Bourck envoyait un parlementaire au gouverneur de Saint-Sébastien. Cet officier fut accueilli par une vive fusillade. Alors nos troupes prirent position sur les

hauteurs qui dominent la place, et forcèrent la garnison à rentrer dans ses murs.
L'impatience de combattre était telle parmi
nos soldats, que les officiers eurent de la
peine à la contenir. De sa nouvelle position,
le général Bourck envoya un second parlementaire qui, cette fois, fut admis. Mais le
gouverneur de Saint-Sébastien ayant pré-
texté que l'on avait profité de la circonstance pour s'avancer, le général Bourck,
pour lui démontrer notre loyauté et sa mau-
vaise foi, fit retirer aussitôt l'armée française à deux cents pas en arrière. Au retour
du parlementaire, les troupes de S. M. as-
saillirent avec une nouvelle ardeur tous les
postes que l'ennemi avait réoccupés, et le
culbutèrent dans la place. Après une heure
de calme, la canonnade recommença avec
une nouvelle vigueur; l'ennemi tenta une
sortie avec trois bataillons appuyés du feu
soutenu de la ville et de la citadelle. Mais
cette sortie fut promptement repoussée par
les détachemens fournis, par les 22ᵉ, 35ᵉ
et 3oᵉ de ligne, conduits par les maréchaux
de camp d'Albignac et Marguerye. Rien

n'était comparable à l'ardeur de nos troupes. Officiers et soldats, tout le monde fit
son devoir. Dans cette affaire, la perte de
l'ennemi dut être beaucoup plus forte que la
nôtre, puisque deux fois il fut repoussé.

De leur côté, les royalistes Espagnols
poussaient avec célérité leurs opérations militaires : le lieutenant-général comte d'Espagne occupait les avenues de la Navarre.
Sa division fut destinée à être sous le commandement supérieur du lieutenant-général
De Conchy, qui devait déboucher par Ron-
cevaux. Le général Quesada flanquait les
mouvemens du 1er corps, avec trois bataillons de troupes d'élite. Le général Longa
devait opérer dans la province de Saint-
Ander. Quant au baron d'Eroles, sa division,
qui s'accroissait chaque jour, fut destinée à
agir de concert avec le corps d'armée du
maréchal Moncey.

Le port et la citadelle de Guetaria, le fort
de Pancorbo, furent successivement enlevés
par le 1er corps d'armée. A l'affaire de Guetaria, deux cents hommes, dont deux colonels et dix officiers, furent pris avec cinq

pièces de canon et leurs approvisionnemens. Nous trouvâmes à Pancorbo, trente et une pièces de gros calibre que l'ennemi avait enclouées.

Le Prince généralissime, qui avait couché le 10 avril à Ernani et le 11 à Tolosa, transporta le 19 son quartier-général à Vittoria, où il fut reçu avec enthousiasme.

Dès le 14, l'ennemi avait abandonné Burgos. Le maréchal Oudinot se porta aussitôt vers cette ville, où les troupes françaises étaient appelées par les vœux de toute la population.

Marchant de Vittoria sur Logrono, le 17 avril, la première brigade d'avant-garde de la quatrième division du premier corps d'armée, coucha à Guardiara, et la deuxième à Penocerda; le 18, de grand matin, des reconnaissances furent poussées jusqu'à Logrono, qu'on croyait occupé par l'ennemi; leur retour en donna la certitude. Cette avant-garde, commandée par le maréchal-de-camp De Vittré, se mit aussitôt en mouvement, et fut suivie immédiatement de la deuxième brigade. Arrivé en face de Logrono, M. Imbert, capitaine d'ordonnance du comte De Vittré, fut envoyé en parlementaire et reçu à coups de fusil ; aussitôt l'attaque fut ordonnée et exécutée par la tête de la colonne, formée de la première compagnie des voltigeurs du vingtième régiment de ligne et du premier escadron des chasseurs de la Dordogne, commandé par M. Ducos Chabannes, et appuyé du reste de la brigade. Logrono était occupé par environ sept cents hommes d'infanterie et deux cent cinquante de cavalerie. L'ennemi avait barricadé les doubles portes du pont de l'Ebre, et paraissait vouloir les défendre. Ne pouvant passer la rivière à gué, il fallut emporter ce poste de force. Comme il n'y avait pas de temps à perdre, l'assaut fut donné au pas de course, par la première compagnie de voltigeurs du vingtième, soutenue par le reste du bataillon ; ils enfoncèrent la première porte, s'emparèrent du pont, et prirent aussi la deuxième avec la plus grande bravoure. Le tambour Matreau, ayant passé par-dessus le mur, ouvrit cette dernière porte ne cessant de battre la charge. Le pont dégagé, le comte de Vittré ordonna au chef d'escadron des chasseurs de passer dans les intervalles de l'infanterie, et de poursuivre vigoureusement l'ennemi, se faisant soutenir par deux autres escadrons des hussards du Bas-Rhin, commandés par le colonel Muller.

L'ennemi fit une belle retraite en défendant toutes les positions, se dirigeant sur Villa-Medicina, où se trouvaient deux détachemens d'environ deux cents hommes des régimens espagnols de Bourbon et de la Reine. Enfin, après avoir passé le pont de Mandrez sur la Fugua, une charge à fond fut ordonnée et exécutée avec le plus grand succès. L'ennemi fut culbuté, mis partout en déroute, et poursuivi jusqu'au village de Milla-Fucha, à deux lieues de Logrono, au pied des montagnes.

Les résultats de cette affaire brillante, furent la prise du général Julien Sanchez, de six officiers, cent-cinquante-huit sous-officiers et soldats, d'un drapeau, d'un caisson d'artillerie, et d'environ trois cents fusils.

Le Prince généralissime, pour récompenser les bons services du maréchal-de-camp Vallin, rendit le 19 avril, au quartier-général de Vittoria, une ordonnance qui élevait ce brave guerrier au grade de lieutenant-général des armées du Roi.

En même temps, le deuxième corps continuait son mouvement sur Sarragosse et trouvait partout dans la Navarre l'accueil le plus amical ; le prince de Hohenlohe avec le troisième corps formait le blocus de Saint-Sébastien et celui de Pampelune ; les régimens de la garde royale faisant partie du corps de réserve, aux ordres du comte Bordesoult arrivaient à Vittoria ; les divers corps de troupes royalistes espagnoles continuaient à flanquer et à éclairer les mouvemens de nos colonnes.

Le 26 avril, le général Molitor, à la tête de tout le deuxième corps fit son entrée à Sarragosse. Dès la veille, les magistrats de cette grande ville étaient venus au-devant de lui jusqu'à Mallen, et sur leur demande, un bataillon d'avant-garde commandé par le colonel Bellanger, y avait été envoyé. L'ordre le plus parfait régna au milieu de cette

nombreuse population, dont le vif enthousiasme devait être plutôt retenu qu'excité.
Ce fut au milieu de la joie générale, avec une
pompe brillante, qu'eut lieu l'entrée des
troupes françaises dans la capitale de l'A-
ragon. On trouva dans le château quarante-
huit bouches à feu, une grande quantité de
projectiles et d'autres munitions de guerre.

Dès le 24 du même mois, l'importante
place de Jaca avait été remise au pouvoir de
S. M. C., par le régiment destiné à en former
la garnison, et qui en prit possession aux
cris de vive Ferdinand VII !

Le cinq mai, l'armée se mit en mouvement pour se porter sur Madrid. Le grand
quartier-général et le corps de réserve devaient passer par Burgos, Aranda, Buitrago
et Alcovendas; le corps d'armée commandé
par le maréchal Oudinot : par Palencia,
Valladolid, Ségovie, Guadarama et Galo-
payar; le corps d'armée commandé par le
général Obert : par Tudela, Tarazona,
Agrida, Almazan, Paredès, Jadraque, Guadalaxara et Alcala. Le corps d'armée commandé par le général Molitor resta sur l'È-

bre pour lier ses opérations avec celles du 4,
corps. Le corps d'armée du général Bourck,
qui devait porter son quartier général à
Burgos, fut chargé de maintenir les communications entre Santander et Madrid.
Enfin le corps du prince de Hohenlohe devait continuer le blocus de Saint-Sébastien
et de Pampelune, et maintenir la communication entre Irun et Briviesca.

Ballesteros s'était replié des environs de
Vittoria sur Logrono. Défait complettement
dans cette ville, il avait cherché à opérer sa
jonction avec Mina, à Tudela. Là, pressé
par le comte Molitor qui s'avançait rapidement, il quitta tout-à-fait les bords de l'Èbre
pour se porter à Calatayud; mais ne se trou-
vant pas en sûreté dans ce dernier endroit,
il chercha un refuge à Daroca. Pendant ce
temps là, les Français s'étaient avancés sur
Sarragosse et Fraga. De sorte qu'entre Ballesteros et Mina dont la jonction devait être
le premier acte de ce grand drame militaire,
il se trouvait un espace de 220 milles, l'Èbre
et les armées unies des royalistes et des Français. Les Français occupaient en effet à cette

époque, Bilbao, Vittoria, Logrono, Tudela et Sarragosse. Les royalistes Espagnols occupaient Jaca, Méquinenza, Alcanis et Murviedro, tandis que les constitutionnels renfermés dans Saint-Sébastien et dans Pampelune étaient resserrés de près par les Français, comme ceux de Figuières l'étaient par les royalistes Espagnols.

Le 9 mai, le prince généralissime fit son entrée à Burgos. Il est impossible de peindre les transports de joie qui éclatèrent chez tous les habitans de cette ville fidèle. On avait préparé des quadrilles habillés à l'ancienne mode espagnole, des arcs de triomphe, et un char sur lequel le peuple voulait absolument traîner Monseigneur. On ne peut se figurer toute la peine qu'on eut pour dérober le prince à des honneurs auxquels répugne tant sa noble modestie. La population resta très-tard sous les fenêtres du palais, et le bruit des *vivat*, le son des cloches, les chœurs des musiciens, les fusées et une illumination générale, où l'on distinguait celle du tombeau du Cid, formaient un tableau vraiment imposant.

Le quartier général du prince généralissime fut porté le treize mai à Lerma. Le
maréchal duc de Reggio était entré la veille
à Valladolid, à la tête de la division d'Au-
tichamp, et son avant garde était déjà sur le
Duero, pour occuper les ponts de Simenças,
de Puente del Duero et de Tudela. Il serait
difficile de se faire une idée de l'accueil que
nos troupes reçurent à Valladolid ; il surpas-
sa tout ce qui avait eu lieu jusque là.

Le 15 mai, le prince était arrivé à Aranda, pendant que le général Obert, qui dès
la veille se trouvait à Almazan, établissait
ses communications avec le chef royaliste
Bessières qui se mit à la poursuite de l'arrière garde de Ballesteros à laquelle il prit
quatre canons, 200 hommes et 200 fusils.

Monseigneur le duc d'Angoulême étant
arrivé à Alcovendas le 22 mai, fit précéder
son entrée à Madrid de la proclamation sui-
vante :

« Espagnols,
« Avant que l'armée française franchît les
» Pyrénées, j'ai déclaré à votre généreuse
« nation que la France n'était point en

» guerre avec elle. Je lui ai annoncé que
» nous venions comme amis et comme auxi-
» liaires, l'aider à relever ses autels, à déli-
» vrer son roi, à rétablir dans son sein la
» justice, l'ordre et la paix. J'ai promis
» respect aux propriétés, sûreté aux per-
» sonnes, protection aux hommes paisibles.
» L'Espagne a ajouté foi à mes paroles. Les
» provinces que j'ai parcourues ont reçu les
» les soldats français comme des frères, et
» la voix publique vous aura appris s'ils ont
» justifié cet accueil, et si j'ai tenu mes en-
» gagemens.

» Espagnols, si votre roi était encore dans
» sa capitale, la noble mission que le roi
» mon oncle m'a confiée, et que vous con-
» naissez toute entière, serait déjà prête de
» s'accomplir ; je n'aurais plus, après avoir
» rendu le monarque à la liberté, qu'à ap-
» peler sa paternelle sollicitude sur les maux
» qu'ont soufferts les peuples, sur le besoin
» qu'ils ont de repos pour le présent et de
» sûreté pour l'avenir.

» L'absence de S. M. m'impose d'autres
» devoirs :

» Le commandement de l'armée m'ap-
» partient; mais quel que soit le lien qui
» m'attache à votre roi, et qui unit la France
» à l'Espagne, les provinces délivrées par nos
» soldats alliés ne peuvent ni ne doivent être
» gouvernées par des étrangers.

» Depuis la frontière jusqu'aux portes de
» Madrid, leur administration a été provi-
» soirement confiée à d'honorables Espagnols
» dont le roi connaît le dévouement et la fi-
» délité, et qui ont acquis dans ces circons-
» tances difficiles, de nouveaux droits à sa
» reconnaissance et à l'estime de la nation.

» Le moment est venu d'établir, d'une
» manière solennelle et stable, la régence
» qui doit être chargée d'administrer le
» pays, d'organiser une armée régulière, et
» de conserver avec moi les moyens de con-
» sommer notre grand ouvrage, la délivrance
» de votre roi.

» Cet établissement offre des difficultés
» réelles que la franchise et la loyauté ne
» permettent pas de dissimuler, mais que la
» nécessité doit vaincre.

» Le choix de S. M. ne peut être connu.

» Il n'est pas possible, sans prolonger dou-
» loureusement les maux qui pèsent sur le
» roi et sur la nation, d'appeler les pro-
» vinces à y concourir.

» Dans ces circonstances difficiles, et pour
» lesquelles le passé n'offre pas d'exemple
» à suivre, j'ai pensé que le moyen le plus
» convenable, le plus national et le plus
» agréable au roi, était de convoquer l'an-
» tique conseil de Castille, et le conseil su-
» prême des Indes, dont les hautes et di-
» verses attributions embrassent le royaume
» et ses possessions d'outre-mer, et de con-
» fier à ces grands corps indépendans par
» leur élévation et par la position politique
» de ceux qui les composent, le soin de
» désigner eux-mêmes les membres de la
» régence.

» J'ai, en conséquence, convoqué ces con-
» seils, qui vous feront connaître leur choix.

» Les hommes sur qui se seront réunis
» leurs suffrages exerceront un pouvoir né-
» cessaire jusqu'au jour désiré où votre roi,
» heureux et libre, pourra s'occuper du
» soin de consolider son trône, en assurant,

» à son tour, le bonheur qu'il doit a ses
» sujets.

» Espagnols, croyez-en la parole d'un
» Bourbon; le monarque bienfaisant qui
» m'a envoyé vers vous ne, séparera pas, dans
» ses vœux, la liberté d'un roi de son sang
» et les justes espérances d'une nation grande
» et généreuse, alliée et amie de la France.»
En arrivant à Buitrago, le 17 mai, le
prince généralissime avait reçu un parlementaire qui lui était envoyé par la munici-
palité de Madrid et par le comte de l'Abisbal;
Mgr. le duc d'Angoulême voulant éviter
tout désordre à Madrid, avait accueilli la
proposition du général comte de l'Abisbal,
de laisser des troupes dans cette capitale afin
de garder les divers établissemens publics, et
de maintenir la tranquillité jusqu'à l'arrivée
des troupes françaises, qui devait avoir lieu
le 24 mai; mais le chef royaliste Bessières,
quoique en rapport avec la division Obert,
anticipant sur les instructions qui lui avaient
été données, se présenta dès le 20 aux portes
de Madrid. Un de ses détachemens pénétra
même jusqu'au centre de la ville, tandis que

le gros de sa troupe se tenait à la porte d'Alcala. Sa présence excita une grande fermen-
tation parmi le peuple. Le général constitutionnel Zayas, commandant de la garnison
de Madrid, se porta aussitôt à la rencontre
de Bessières, et lui fit connaître la convention qui avait été conclue; mais Bessières
ayant insisté pour qu'on lui livrât les postes,
un engagement sérieux s'ensuivit, dans lequel Zayas, ayant fait charger sa cavalerie,
fit de Bessières une centaine de prisonniers.
Dés que S. A. R. eut connaissance de cette
affaire, elle envoya en toute hâte à Madrid
le colonel De la Chasse-Vérigny afin d'en
connaître le résultat. La présence de cet
officier évita de grands malheurs, parce
qu'elle annonçait l'arrivée prochaine de l'armée française. En effet, le 23 mai, à cinq
heures du matin, le général Latour-Foissac
entra dans la capitale de l'Espagne, à la tête
de quelques bataillons. Le tambour et la mu-
sique avertirent les habitans de cet événement qu'ils n'attendaient que pour le 24. Il
serait difficile d'exprimer les transports d'allégresse que fit éclater, à l'arrivée de nos

tröupes, le peuple de cette cité. Ses démonstrations de reconnaissance avaient un tel caractère d'énergie, qu'on en était ému jusqu'aux larmes. Malheureusement nous eûmes quelques excès à déplorer, de même qu'à l'occasion de la folle attaque de Bessières, quoique nos soldats missent tout en œuvre pour comprimer les passions; mais on conçoit combien il était difficile de punir des hommes qui vous bénissaient et des femmes qui vous embrassaient.

Enfin, le prince fit son entrée à Madrid, le 24 mai. C'est envain qu'on essaierait de de retracer l'effet que produisit sur la population la présence de S. A. R. Le généralissime devint pour ainsi dire l'objet d'un culte universel. La réputation de son extrême bonté, qui l'avait devancé, sa piété, sa bravoure, et toutes les qualités qui font les princes et les héros, avaient déjà fait pressentir aux habitans de cette ville la fin de leurs inquiétudes. Son arrivée acheva de lui gagner tous les cœurs. Toutes les maisons avaient été spontanément ornées, à l'extérieur, de tentures, de drapeaux, de guirlandes et de devises, où l'expression de la reconnaissance pour Louis XVIII, se confondait avec les vœux pour le retour de Ferdinand.

Dès le 18 avril, le 4e corps de l'armée des Pyrénées, sous les ordres du maréchal Moncey, avait commencé ses opérations. La cinquième division de ce corps, commandée par le général Curial, pénétra en Catalogne par le port du Perthus, sans rencontrer la moindre résistance. Le lendemain, une colonne déboucha par le col de Costaja. Le curé de Jonquières, accompagné de plusieurs notables habitans, vint recevoir le marquis de Vence. Le 19, une reconnaissance fut dirigée vers Jonquières sans apercevoir l'ennemi.

Le 21 avril, les 5e et 9e divisions et les troupes espagnoles, commandées par le baron d'Eroles, furent réunies autour de Figuières, et formèrent l'investissement de cette place.

Le même jour, la ville et la citadelle de Rosés furent occupées. Le 22, on somma la place de Figuières. La réponse du gouver-

neur ne fut point satisfaisante. Dans la nuit
du 24 au 25, le général Maringoné prit possession de la ville. L'ennemi, qui l'avait fortement retranchée, ne fit aucun effort pour
la défendre.

Le maréchal Moncey ayant appris que les
divisions de Mina, de Milans et de Llobera s'é-
taient réunies sur la rive gauche de la Fluvia
depuis Besalu jusqu'à Castel-Follit, le comte
Curial et le baron d'Eroles reçurent l'ordre
de marcher le 26 vers Bezalu; le premier
avec la 5ᵉ division; le second avec trois
bataillons espagnols. Une colonne flanqua
leur marche, en se dirigeant par Llado.

Le baron de Damas, avec la 9ᵉ division,
fut chargé d'observer la garnison de Figuières. La position occupée par l'ennemi fut
reconnue par le comte Curial. La droite,
commandée par Milans, s'appuyait à la Fluvia; la gauche, sous les ordres de Llobera,
occupait Tortella. La division de Mina était
placée en réserve à Castel-Follit.

Le maréchal Moncey se porta, le 27 avril
à Crespia, où le comte Curial avait pris po-

sition. Le même jour, le temps devint extrêmement pluvieux.

Nous devons ici faire mention d'un trait de
courage qui honore le cinquième régiment
de ligne : Jean Montalon, fusilier au deuxième bataillon, étant en faction le 27 avril à
Figuières, demeura ferme à son poste, malgré les deux premiers coups de canon dirigés sur lui, et qui atteignirent la guérite
où il se trouvait, jusqu'au moment où frappé
lui-même par un troisième boulet, il tomba
grièvement blessé. Le prince généralissime
nomma ce brave membre de la Légion
d'honneur.

L'ordre avait été donné, dès le 21 avril,
au vicomte Donnadieu, de se rendre de Perpignan à Mont-Louis, de prendre le commandement des troupes qui se trouvaient en
Cerdagne, et de descendre en Catalogne par
la vallée de Campredon.

Le 28 avril, l'ennemi retira sa gauche de
Tortella vers Besalu ; la plus grande partie
de ses forces passa la Fluvia et prit possession
sur les hauteurs de la rive droite. Ces hauteurs sont presqu'inaccessibles ; une attaque

de front présentait les plus grandes difficultés. Le maréchal résolut de manœuvrer et de
combiner ses mouvemens avec la marche du
général Donnadieu. Le trente-unième régiment de ligne et les deux premiers bataill-
lons du huitième, furent retirés du corps
d'observation et dirigés sur Crespia. On s'occupa d'établir vis-à-vis, deux ponts, l'un sur
des charrettes, l'autre sur chevalets; le premier fut terminé le 29. Le même jour, la
brigade commandée par le général Vasserot,
et trois bataillons espagnols, passèrent la
Fluvia, et se portèrent sur Bannolas. Le lendemain, le trente-unième régiment de ligne
prit la même direction. Le comte Curial
resta sur la rive gauche avec les deux premières brigades de sa division, un bataillon
qui avait rejoint à Crespia, et deux bataillons du huitième régiment de ligne, qui faisaient partie ainsi que le trente-unième, de
la neuvième division, et quatre pièces de
canon : le reste de son artillerie alla prendre
position à l'embranchement des routes de Bé-
salu et de Gironne; elle se porta ensuite sur
la rive gauche de la Fluvia, en arrière de

Bascara. Depuis le 28, le comte de Laroche-Aymon occupait ce dernier point avec le sixième régiment de hussards et quelques compagnies d'infanterie.

Le général Donnadieu, dont la division, forte de 5ooo hommes d'infanterie, avait pénétré sur le territoire espagnol par Dorria et le Val de Ribes, avait annoncé qu'il serait le premier mai en avant de Campredon. Des ordres furent donnés pour qu'on attaquât, le même jour, les positions de l'ennemi à Besalu et sur la rive droite de la Fluvia. Le général Curial, en cas de succès, devait se porter sur Olot pour se lier avec le général Donnadieu. Le baron d'Eroles et le général Vasserot devaient marcher vers Santa-Pau, pour menacer la retraite de l'ennemi par Mieras et par le grand Olot. Le maréchal Moncey s'était réservé la direction spéciale de ce dernier mouvement.

Dans le même moment que ce mouvement s'opérait, une partie de la division royaliste de Romagosa se portait sur la droite dans la plaine de Belver, avec un fort détachement de troupes légères françaises.

Pendant la nuit du 3o avril au premier mai, la pluie, qui, depuis le 27 avril, n'avait presque pas cessé, tomba avec une abondance extraordinaire. Les bivouacs étaient inondés, les armes hors d'état de faire feu, les ponts menacés, les chemins impraticables ainsi que les gués. Le pont en pierre de Besalu assurait à l'ennemi l'avantage de pouvoir au besoin concentrer toutes ses forces sur l'une ou sur l'autre rive. Dans cet état de choses, le maréchal suspendit l'exécution des ordres qu'il avait donnés.

Le premier mai, à 7 heures du matin, les ponts furent emportés par l'inondation, au moment où le maréchal se disposait à passer la Fluvia pour se rendre à Bannolas; il se dirigea vers le bac de Bascara, que la crue des eaux ne permit pas de manœuvrer. Le 2 mai, le passage étant devenu possible, le maréchal se rendit à Bannolas où il apprit que l'ennemi, intimidé par les mouvemens de notre gauche, et par la marche du général Donnadieu, avait, pendant la nuit précédente, abandonné ses positions, et effectué sa retraite sur deux directions; que

Milans et Llobera se portaient par Miéras sur Amer, et Mina, par Olot, sur Vich. Il donna sur-le-champ l'ordre au baron d'E-roles, de marcher de Bannolas sur Mieras, de serrer de près la colonne de Milans dont on disait la marche entravée par des bagages considérables. Il prescrivit au comte Curial de suivre les troupes en retraite, d'occuper Castel-Follit, et de se lier avec le vicomte Donnadieu, à qui des ordres correspondans furent adressés. Le général Vasserot resta à Bannolas, pour se porter, suivant les circonstances, sur Mieras ou sur Gironne.

Les habitans de Gironne avaient envoyé une députation au maréchal Moncey, pour hâter l'arrivée des troupes françaises. Depuis plusieurs mois, de fortes contributions leur avaient été imposées; ils étaient menacés de nouvelles exactions par un corps de trois ou quatre cents miliciens qui se trouvaient à une petite distance de la ville. La retraite de l'ennemi laissant disponible une partie des troupes, le maréchal se rendit à Gironne à la tête d'un régiment d'infanterie et d'un régiment de cavalerie. Sur toute la

route , la population des campagnes fit éclater le plus vif enthousiasme. Celui des habitans de Gironne serait difficile à exprimer.
Une députation était venue au-devant des
troupes françaises jusqu'au Puente-Mayor.
L'évêque à la tête de son clergé, le corps
municipal, et presque toute la population les
reçurent à l'entrée de la ville. Les clés furent présentées au maréchal, qui les remit
au Régidor au nom de S. M. Catholique. Le
soir, il y eut illumination , et pendant toute
la nuit, le peuple manifesta sa joie par des
chants et par des danses.

Les divisions constitutionnelles de Milans
et de Llobera s'étant retirés sur Hostalrich, Mina esquiva nos troupes pour remon-
ter le Ter par Besara, dans l'intention de
s'approcher de la frontière. Le 7 , il était à
Vallagona, dans la direction de Campredon.
Le comte Curial était le même jour près
d'Olot, et se disposait à suivre et à attaquer
Mina. Le baron d'Éroles suivait Mina à une
journée de marche par Besara; Romagosa
était en position à Ripoll, les avant-postes
de Gironne occupaient Santa-Colonna , et

nos hussards poussaient des reconnaissances jusque sous les murs d'Hostalrich.

Le général Donnadieu entra le 6 mai à dix heures du matin, dans la place de Vich; nos troupes y furent reçues aux acclamations de joie des habitans.

Pendant que l'investissement de la place d'Hostalrich se poussait avec rigueur, le général Rastignac prenait possession de San-Feliu-de-Quixolo. Ayant eu avis que l'ennemi avait quitté la position de San-Celoni pour se porter sur Cardaden et Granolle, le maréchal Moncey ordonna au général Curial de marcher rapidement avec son infanterie à la poursuite de l'ennemi.

Le 17 mai à quatre heures du matin, le général Donnadieu se mit en route, précédé des brigades la Roche-Aimon et St.-Priest, qui toutes deux se dirigeaient sur Moya. Arrivé à l'embranchement du chemin qui conduit à Casteltersol, il trouva la brigade Saint-Priest en position, attendant le retour d'une reconnaissance dirigée sur ce dernier village. Cette reconnaissance se faisant trop attendre, le général Donnadieu engagea la brigade

Saint-Priest à continuer sa marche sur Moya, d'où le général la Roche-Aimon écrivait qu'il poussait un millier d'hommes devant lui. Mais à peine le général Saint-Priest s'était-il mis en mouvement, que la reconnaissance envoyée lui vint annoncer que l'ennemi, fort de trois mille hommes, occupait Casteltersol. Sur-le-champ, le douzième léger et un bataillon de Romagosa reçoivent l'ordre de se porter en avant: Donnadieu les suit immédiatement avec le général Latour-Dupin, à la tête de deux bataillons du dix-huitième de ligne. Arrivé près du village, à la distance de deux lieues, le général reconnut que l'ennemi couronnait un amphithéâtre de mamelons boisés et à pic, avec des bataillons bien régulièrement placés en ordre de bataille; ces dispositions prises, il l'attaqua par trois colonnes, à la tête desquelles était son chef d'état major, la Nougarède, le colonel Lapoterie et Romagosa. L'ennemi fit sans discontinuer pendant quatre heures qu'il fallût employer à le débusquer de position en position, un feu croisé des mieux nourris. Dans cette affaire, nous eûmes beaucoup plus de blessés que de morts. L'ennemi joncha de ses cadavres le champ de bataille. Cette division ennemie sortie de Barcelone, était composée des troupes de ligne qui se trouvaient dans cette ville et de celles aux ordres de Llobera et de Costa; Rotten et le chef politique de Barcelone étaient à leur tête. Ce mouvement avait sans doute pour but de favoriser la retraite de Mina sur cette ville. Le régiment des Canaries et douze cents miliciens furent principalement engagés à l'affaire de Casteltersol. Les restes de l'armée ennemie se retirèrent en désordre vers Saint-Feliu-de-Godina, d'où nos troupes parvinrent à les expulser. Milans, à la tête d'environ trois mille hommes, se retira de Saint-Céloni sur Arengs-de-Mar.

Le général Donnadieu qui se trouvait à Caldit le 19 mai, eut dans cette ville une entrevue avec le baron d'Éroles, dont les troupes étaient à Viniot. Ils concertèrent leur mouvement pour attaquer Mina, qui, après s'être porté sur divers points, semblait vouloir revenir à Cellent. La division Curial se trouvait le 20 à Granolle; Llobera, après avoir été battu, s'était retiré à Saint-Andreo-de-Palomar. Milans occupait Mataor. Le comte Curial dirigea ses troupes vers cette ville, éloignée seulement de quatre lieues de Barcelone

Le 22 mai, le comte Curial après avoir fait occuper Mataro, retourna à Granolle où il avait laissé les principales forces de sa division.

Les divisions réunies de Milans et de Llobera attaquèrent le 24, à deux heures du matin, le détachement de 1800 hommes que le général Curial avait laissé à Mataro. L'ennemi était au nombre d'environ 4000 hommes. Une colonne ennemie avait marché par la route de Barcelone. Une autre s'était portée sur la ville par les hauteúrs qui la dominent à droite. La première, après avoir fait replier nos grands-gardes s'avança jusqu'aux premières maisons du faubourg. Une compagnie de voltigeurs du sixième léger suffit pour la contenir. Le marquis de Vence déboucha alors par la route de Barcelone, à la tête du sixième léger et du dix-huitième de chasseurs à cheval, aborda l'ennemi et le mit dans une déroute complète. A la droite , une attaque faite par un bataillon du septième de ligne, et par quatre compagnies du vingt-sixième, eut le même succès. L'ennemi s'enfuit dans toutes les directions, jetant ses armes et ses effets d'équipement. L'ennemi eut 150 hommes mis hors de combat. Un drapeau et 500 prisonniers tombèrent en notre pouvoir.

Avant de franchir la frontière, Mgr. le duc d'Angoulême avait la certitude que la masse de la nation espagnole ne supportait le joug des cortès qu'avec impatience. Mais il ne pouvait toutefois, avant de s'être avancé en Espagne, se former une idée de l'enthousiasme dont la population entière était animée, et ce n'était d'ailleurs que sur l'Ebre qu'il pouvait connaître les moyens de défense qu'avait le parti révolutionnaire. Les premières opérations de l'armée se firent donc avec la circonspection nécessaire; mais arrivé sur l'Ebre, le prince voyant que les soldats français étaient partout accueillis comme des libérateurs; qu'ils trouvaient dans presque tous les Espagnols des alliés pleins d'ardeur et de zèle; que les corps peu nombreux qui obéissaient encore aux cortès ne pouvaient, sur aucun point, opposer une résistance sérieuse, crut devoir s'écarter des règles ordinaires de la guerre, en faisant de grands détachemens, pour hâter la délivrance de l'Aragon et de la Castille. Pendant que le premier corps s'avançait triomphalement jusqu'aux portes de Madrid, le deuxième eut ordre de se porter en Catalogne, pour faciliter les opérations du maréchal Moncey, et couvrir en même-temps les mouvemens du reste de l'armée vers la capitale. Monseigneur plaça provisoirement, sous ses ordres les gardes-du-corps du roi, les cuirassiers et les dragons de la garde, ainsi que les cuirassiers de la division Roussel-d'Hurbet. La division Obert opérait pendant ce temps-là sa jonction avec Bessières à Siguenza. La division Bourck se portait vers le royaume de Léon et les Asturies. Quatre de ses bataillons, sous le commandement du général Marguerye, couvraient Santander et le blocus de Santona, formé par les troupes royalistes espagnoles. Le baron Bruny avec sa brigade occupait le point important de Bilbao. Le prince de Hohenlohe reçut ordre de transporter son quartier-général à Vittoria, afin de diriger de là les blocus de Pampelune et de Saint-Sébastien, et maintenir en même temps les communications entre Irun et Burgos. Le maréchal-de-camp baron Huber, commandant l'avant-garde du troisième corps, occupait Burgos avec un corps mobile, prêt à se porter partout où les circonstances l'exigeraient. Le général Molitor, après avoir poussé les divisions Loverdo et Domon, sur Daroca, Calatayud et Teruel, rappela ses troupes cantonnées sur l'Ebre, pour les réunir à la division Panphile-Lacroix qui, depuis le premier mai, avait commencé son mouvement sur la Catalogne, en portant les deux premières brigades à Fraga, tandis que celle d'Arbaud-Jouques marchait sur Monçon par Alcudierra.

Cette dernière division arriva le 5 mai sur la Cinca, Le fort de Monçon était occupé par 13o hommes, par quelques centaines de douaniers, et par les exaltés du pays; le général d'Arbaud-Jouques ne put y passer la rivière : il dut donc faire rétablir le bac de Pomard ; la crue des eaux ayant augmenté les difficultés, il ne put être sur la rive gauche de la Cinca que le 8. Une partie du quatrième de ligne se porta aussitôt sur Monçon ; la ville fut occupée après une vive fusillade. Le fort fut aussitôt cerné, et dans la nuit du 10 au 11, le général d'Arbaud-Jouques, fit occuper par deux compagnies d'élite, la redoute avancée dite le Vieux Château. Dès le 9, une partie du treizième régiment s'était portée sur Balbastro ; où la barque d'Estapilla fut défendue avec avantage par les paysans royalistes contre les constitutionnels.

Le général Pamphile-Lacroix qui était à Fraga, envoya le 6 un escadron du quatrième de chasseurs en reconnaissance sur Lerida, un parti ennemi fut rencontré à Sozea : l'escadron le chargea et le poursuivit jusqu'à Alharaz. Le 9, le colonel Levasseur du huitième léger, de la brigade Saint-Chamans, se porta avec un de ses bataillons et un détachement de chasseurs de l'Arriège sur Alcaraz. La garnison de Lerida y avait deux cents hommes d'infanterie et trente dragons ; ceux-ci s'étant trop avancés tombèrent dans une embuscade où ils furent taillés en pièces par les chasseurs. Le général Molitor ayant laissé des troupes pour observer Lerida et Monçou, se porta sur la Sègre avec le reste de la division Pamphile-Lacroix, tandis que les autres divisions venaient le rejoindre par Méquinenza et Fraga, où le général Loverdo était arrivé le 18.

Le deuxième corps d'armée, après avoir communiqué avec le quatrième à Agramunt, et sa présence n'étant plus utile en Catalogne, repassa sur la rive droite de l'Ebre et exécuta son mouvement sur Valence par Teruel où il arriva le 7 juin.

La deuxième brigade de la division Donnadieu, composée du douzième léger et du deuxième de ligne, sous les ordres du vicomte de Saint-Priest joignit enfin près d'Aja une division du corps de Mina, sur les plus hautes crêtes des Pyrénées voisines de la Cerdague française, l'ennemi déboucha le 14 juin par la vallée d'Err en se dirigeant sur Llivia ; mais repoussé dans son mouvement, puis attaqué avec une vigueur décisive, il laissa le champ de bataille couvert de cadavres, et sept cents prisonniers, parmi lesquels se trouvait le chef ennemi Gorrea. Ce succès fut le résultat de l'habileté du maréchal-de-camp Saint-Priest, dont la brigade, à laquelle furent réunies au moment de l'action, cinq compagnies du septième bataillon Espagnol, eut seule l'honneur de prendre part au combat.

La garnison d'Hostalrich avait fait deux jours auparavant quatre sorties, les attaques constamment dirigées contre le huitième bataillon Espagnol y furent repoussées avec vigueur; le brigadier Antonio Col, poursuivant l'ennemi avec sa valeur ordinaire, fut grièvement blessé d'un éclat d'obus.

Les membres de la régence qui devait gouverner l'Espagne pendant la captivité du roi Ferdinand, venaient d'être nommés par les grands du royaume convoqués par Monseigneur le duc d'Angoulême. S. A. R. arrivée à Madrid s'empressa de les installer. Cette autorité présidée par le duc de l'Infantado était composée du duc de Montémar, du baron d'Eroles, de l'évêque d'Oxma et de M. Caldéron.

Le prince généralissime donna ensuite des ordres pour que le lieutenant-général Vallin, avec l'avant-garde du premier corps, renforcée de deux régimens de cavalerie légère et de quatre pièces d'artillerie, poursuivit l'arrière-garde ennemie sur la route de Talavera de la Reyna et l'atteignit, s'il était possible, le 26 mai à trois heures et demie du matin, époque à laquelle, aux termes de la capitulation, on pouvait l'attaquer; les intentions de S. A. R. furent remplies: après deux jours et une nuit de marche forcée, le général Vallin regagna l'avance que Zayas avait sur lui et l'atteignit le 27 à six heures du matin, à une demi lieue de Talavera près du pont sur l'Alberche; la ville était occupée par environ trois mille hommes d'infanterie, cinq cent chevaux et quatre pièces d'artillerie; deux escadrons du neuvième régiment de chasseurs passèrent le pont et chargèrent tout ce qui se trouvait devant eux; ils essuyèrent quelques décharges à mitraille qui heureusement blessèrent peu de monde; l'infanterie ayant également passé le pont s'empara d'un bois d'oliviers dans lequel l'ennemi avait des tirailleurs; le cinquième de hussards passa la rivière au gué à droite de la ville, et le reste de la cavalerie déboucha, couvrant l'artillerie et une réserve laissées en arrière du défilé; alors le neuvième d'infanterie légère se porta rapidement sur la ville, tandis que la cavalerie tournait par la droite. L'ennemi vigoureusement attaqué de front et menacé par ses flancs, ne songea plus qu'à se retirer précipitamment par le pont du Tage et dans la direction de celui d'Arzobispo, et parvint en gagnant les bois qui bordent la route, à éviter les charges de notre cavalerie; par suite de cet avantage, soixante prisonniers tombèrent en notre pouvoir, on s'empara également de quinze voitures chargées d'armes et de la caisse du payeur qui contenait quarante mille francs.

S. A. R. ayant jugé à propos de faire marcher des troupes sur l'Andalousie et l'Estramadure, deux colonnes fortes l'une de sept mille hommes et l'autre de huit mille furent formées à cet effet : la première commandée par le lieutenant-général Bordesoult, devait se diriger sur Aranjuez, la Manche et Cordoue, pour se porter sur Séville, tandis que la seconde aux ordres du lieutenant-général Bourmont, ayant rejoint à Talavera-de la-Reyna l'avant-garde du général Vallin qui devait en faire partie, se porterait par Truxillo en Estramadure : arrivée là, elle devait, suivant les circonstances, se diriger sur Badajoz ou sur Séville. Les mouvemens de ces deux colonnes commencèrent le premier Juin. Les troupes de la réserve restées à Madrid furent mises provisoirement sous les ordres du vicomte Castex, à l'exception de la division de cuirassiers qui devait recevoir ceux du duc de Reggio dont toute la cavalerie se trouvait détachée. Cinq mille hommes seulement restèrent à Madrid, le reste fut cantonné dans les environs de la capitale.

Le 6 juin à huit heures du matin, le pont d'Arzobispo, défendu par quatre cents hommes du régiment de Guadalaxara et cent dragons, fut enlevé par le neuvième léger, faisant partie de l'avant-garde de la colonne du comté de Bourmont. Le général Vallin poursuivit l'ennemi jusqu'à Val de la Casas, d'où il continua son mouvement sur Mesa de Ybar et Romangordo. Le comte de Bourmont se porta sur Almarez. Il arriva le 11 à Truxillo, et le 13 à Merida.

Le 8 à minuit, le comte Bordesoult partit pour se porter sur Santa-Cruz, où le duc de Dino avait eu ordre de se rendre avec son avant-garde. Mais l'ennemi, commandé par Placencia, avait fui sur la route d'Andalousie. Le duc de Dino s'élança sur ses traces, tandis que la brigade du prince de Carignan se portait sur Elviso. L'ennemi fut atteint en arrière de Visillo. Dès qu'il apperçut notre avant-garde, le bataillon d'Amérique, fort d'environ huit cents hommes, voulut se déployer sous le feu de ses tirailleurs, mais le duc de Dino ordonna au colonel d'Argoult de le tourner par la gauche et de tomber vigoureusement sur son flanc, en même temps que deux autres escadrons le chargeraient en front. Ces divers mouvemens furent exécutés avec tant d'ensemble et d'impétuosité que l'artillerie, qui déjà se mettait

-en batterie, n'eut pas le temps de faire feu, et que, malgré la fusillade des tirailleurs, l'infanterie ne put se former en carré comme elle le voulut. Tout fut enlevé en un clin-d'œil. Plus de six cents prisonniers, deux pièces de canon, trois caissons, beaucoup de bagages et la caisse de la colonne, tombèrent en notre pouvoir. Dans cette belle affaire d'avant-garde, toutes les troupes montrèrent une ardeur au-dessus de toute expression ; M. le duc de Dino fut admirablement secondé par le sang-froid et l'intelligence du comte d'Argoult. Le deuxième léger, malgré son ardeur et à son grand regret, ne put prendre part au combat. La brigade du prince de Carignan, en raison de la distance qu'elle avait à parcourir, n'ayant pu arriver à Elviso qu'à trois heures, la colonne de Placencia avait traversé impunément ce village; mais le prince arriva assez tôt pour s'élancer sur l'arrière-garde, et lui faire soixante prison-niers. S. A. montra dans cette circonstance une bravoure qui lui mérita l'admiration des soldats.

Par suite de ce beau fait d'armes, nous

nous trouvâmes maîtres de la grande route d'Andalousie, et le constitutionnel Placencia fut obligé de chercher un refuge vers les montagnes de Vilches, pour de là gagner Jaën. Cette nouvelle fut apportée par le maréchal-des-logis Ogès, qui, laissé en observation, traversa la colonne ennemie pour rejoindre son général. Le duc de Dino s'étant dirigé immédiatement sur la direction indiquée par Ogès, rencontra l'ennemi formé en bataille sur un plateau séparé de lui par un ravin : il le fit attaquer aussitôt par deux compagnies de voltigeurs du deuxième léger soutenues par le reste de ce régiment. Ces compagnies franchirent le ravin avec la plus grande impétuosité, et forcèrent l'infanterie ennemie à battre en retraite; mais les trois escadrons de Placencia opposèrent quelque résistance à nos tirailleurs. Les chasseurs de la garde traversèrent alors promptement le ravin, se formèrent sur la gauche de l'ennemi, et aussitôt se portèrent au galop sur l'infanterie, qui se retirait en tiraillant sous la protection de sa cavalerie. Tout alors se mit en désordre. Deux-cent-soixante sol dats et onze officiers, furent faits prisonniers dans cette affaire, qui fut conduite avec autant de sagesse que de vigueur par le duc de Dino.

Le comte Bordesoult étant le 16 juin à Carlota, les troupes de sa colonne y donnèrent une nouvelle preuve du dévouement qu'on pouvait en attendre dans toutes les occasions. Le parc de réserve avait été placé dans un champ moissonné, en avant de la ville : un feu de bivouac gagna la paille; le vent le poussait avec une telle rapidité que bientôt le parc fut entouré de flammes; toutes les troupes s'y portèrent aussitôt, et aucun danger n'empêcha les officiers et soldats de se précipiter pour enlever les caissons à force de bras : l'explosion d'un coffret ne put arrêter leur intrépidité à laquelle on dut la conservation de ce parc, qui fut enlevé du milieu des flammes aux cris de vive le Roi! vive le Duc d'Angoulême. Le capitaine Montferret, du troisième régiment de la garde, donna dans cette circonstance les plus grandes marques de zèle, et fut blessé. Le lieutenant d'artillerie Labajonnière, le lieutenant-colonel Lahitte, donnèrent aussi le meilleur exemple. Le prince de Savoie, Carignan, travailla lui-même à enlever les caissons.

La division Bourck ayant continué son mouvement sur Léon, le 31 mai le général comte de La Rochejaquelein se rendit maître de cette ville.

Le 1er juin, une reconnaissance de cent chevaux, soutenue par deux cents hommes d'infanterie, se porta sur Astorga. Le 2, à la pointe du jour, cette reconnaissance rencontra, à trois - quarts de lieue en avant d'Astorga, l'arrière-garde ennemie, composée de mille hommes dont trois cents de cavalerie, qui se disposait à se retirer. Nos chasseurs et nos hussards chargèrent aussitôt l'ennemi, jetèrent le désordre dans ses rangs, et le poursuivirent jusqu'à une lieue et demie au-delà d'Astorga. Douze ou quinze hommes tués, un plus grand nombre de blessés, cent cinquante prisonniers, parmi lesquels le général Santiago-Wall et le chef d'escadron Romero, furent le résultat de cette brillante affaire d'avant-garde.

En attirant à lui les garnisons de Valence et de Molina, Ballesteros avait cherché à s'établir solidement dans le royaume de Valence. Deux mille hommes étaient à Alcora; pareil nombre occupait Teruel. Le général Molitor, après avoir passé l'Ebre, se porta avec le deuxième corps sur ce dernier point. La brigade Ordonneau fit une telle diligence qu'elle y arriva le 6 juin; à son approche l'ennemi se retira avec précipitation. Arrivé à Teruel le 8, Molitor apprenant que Ballesteros avait rassemblé toutes ses forces à Murviedro, et qu'il pressait vigoureusement la place de Sagonte qui était à la veille de manquer de vivres, fit avancer nos troupes à marches forcées, et la division Loverdo arriva le 11 à Segorbe. Ballesteros, instruit de la rapidité de ce mouvement, leva brusquement le siége de Sagonte, où il avait perdu déjà plus de mille hommes, et se retira sur Valence, abandonnant ses munitions et son artillerie. Le lendemain, le comte Molitor se porta à Murviedro, alla visiter le fort de Sagonte, et féliciter le gouverneur et la garnison de leur vigoureuse défense.

Cette garnison était d'environ mille hommes, à peine vêtus, armés de piques, dont trois cents seulement avaient des fusils. C'est en partie à coups de pierre que ces braves repoussèrent trois assauts successifs. Le gouverneur était D. Spuing; le colonel A. Puck commandait l'artillerie; le colonel Montesino commandait la place; Manuel Bidal étaitle lieutenant de Roi; enfin, les troupes étaient sous les ordres de A. Trillas. Le 13 juin à neuf heures du matin, le comte Molitor, à la tête de la division Loverdo, fit son entrée à Valence; les magistrats étaient venus lui offrir les clés de la ville, et la population entière, sans distinction de classes, reçut les Français avec les plus vifs transports d'allégresse et de reconnaissance.

L'avant-garde du deuxième corps d'armée, qui s'était avancée dès le 13 juin jusqu'à Silla, ayant forcé sa marche, atteignit, le 16, l'arrière-garde de Ballesteros, à Algemesi, la culbuta et arriva à huit heures du matin devant Alcira sur le Xucar. A son approche, l'ennemi concentra 10,000 hommes à Cargagente, et disposa pour la défense d'Alcira, 1800 hommes d'élite, 150 dragons et deux pièces d'artillerie. Le général Bonnemain lança aussitôt les deux compagnies de voltigeurs du quatrième léger dans les maisons qui faisaient face au front d'attaque, défendu par une tête de pont avec un pont-levis. Malgré le feu bien nourri des constitutionnels, nos soldats se maintinrent dans leurs positions, tandis que le général cherchait à faire rétablir les écluses détruites, pour pouvoir passer le Xucar à gué. Ce travail, durant depuis près de quatre heures, pendant lesquelles le feu n'avait pas discontinué, et l'ennemi ayant seul l'avantage de se servir de son artillerie, le général Bonnemain profita de l'impatiente ardeur de nos soldats pour leur faire escalader la tête du pont. A peine s'avancèrent-ils au pas de charge, que l'ennemi évacua cet ouvrage, et leva le pont-levis : il fallut quelque temps pour le baisser; l'ennemi en profita pour s'échapper. Cependant les 150 dragons voulurent résister dans le faubourg au-delà de la ville; mais les voltigeurs, soutenus par des piquets des dixième et dix-neuvième de chasseurs à cheval les chargèrent avec intrépidité, en tuèrent un bon nombre et firent plusieurs prisonniers. L'ennemi s'efforça aussi de sauver son artillerie; mais les braves voltigeurs s'en emparèrent également. Plusieurs centaines de soldats furent pris dans la déroute et beaucoup vinrent se présenter comme déserteurs. Des magasins considérables que Ballesteros avait à Alcira, tombèrent aussi en notre pouvoir.

Le général Bonnemain, continuant à poursuivre l'ennemi, se porta, le 17 à Moxente et le 18 à Fuentes de Higuierra, soutenu par la division Loverdo. Pendant ce temps-là, le chef royaliste D. Chambo s'emparait de Tortose et de tous ses forts.

L'avant-garde du comte Bordesoult était, dès le 18 juin à Utréra. Le 21, le général s'y sendit de sa personne. La rapidité de son mouvement combiné avec celui du comte de Bourmont, empêcha Lopez-Banos d'exécuter le projet qu'il avait formé en arrivant à Séville, de se réunir à Villacampa pour se porter sur Cadix; mais à notre approche.

Villacampa se retira sur Ronda, où il fut abandonné de sa troupe dont la majeure partie se réunit au corps du comte Bordesoult. Lopez-Banos, qui avait sous ses ordres environ 4000 hommes, évacua en même temps Séville, le 18 juin dans la matinée, prenant la direction de Huebla où il comptait s'embarquer pour se rendre à Cadix; mais le comte de Bourmont, informé de ce mouvement, porta le 19, son avant-garde, commandée par le général Lauriston, sur San-Lucar la Mayor; elle y atteignit l'arrière-garde ennemie, lui fit 350 prisonniers dont 22 officiers, lui enleva 400 chevaux, lui prit deux étendarts et une quarantaine de voitures. Le général Lauriston poursuivit l'ennemi pendant plus de deux lieues, et il est permis de croire que sans la fatigue de nos chevaux, qui venaient de faire plus de huit lieues d'Espagne, il eût fait éprouver à l'ennemi des pertes encore plus considérables. Ce fut le colonel du neuvième régiment de chasseurs, M. d'Hautpoul qui, par sa vigueur, décida, dès le principe, le succès de cette attaque.

Le 19, à quatre heures du matin, la garnison de Saint-Sébastien faisait un feu si vif de toutes ses batteries, que tout portait à croire qu'elle n'attendait que le moment d'avoir démoli nos palissades et mis du désordre dans nos rangs, pour faire une sortie vigoureuse. Déjà ses colonnes étaient disposées en conséquence ; mais l'attitude de nos troupes fut telle, que l'ennemi se borna à canonner pendant deux heures le faubourg Saint-Martin, où deux compagnies d'élite des cinquième léger et dix-septième de ligne firent admirer leur courage.

A la suite de la brillante affaire de San-Lucaz la Mayor, la brigade de dragons du Vicomte de Saint-Mars ayant pris la tête de la colonne, poussa l'ennemi avec vigueur pendant la journée du 20, dans la direction de Huelba et de San-Juan del Puerto. Le colonel d'Hautefeuille avec 200 dragons des septième et neuvième régimens, parvint à atteindre l'ennemi au moment où il allait s'embarquer avec son artillerie. Les troupes chargées de protéger cet embarquement, se précipitèrent aussitôt dans les barques, et onze pièces de canon, une grande quantité de caissons et quatre forges, tombèrent bientôt en notre pouvoir. Les embarcations chargées de pièces et d'affuts cherchaient à gagner au large; nos officiers de dragons ayant remonté un canon et un obusier, firent sur elles un feu si bien dirigé et si soutenu, qu'ils les forcèrent à amener et à nous livrer les neuf pièces qui étaient déjà embarquées.

Le général Huber, dont la marche sur Reynosa avec une colonne mobile, avait suffi pour faire rentrer dans les Asturies Campillo, qui s'était avancé pour débloquer Santona, simula un mouvement rétrograde, pour donner de la confiance à l'ennemi. Campillo, complétement abusé, passa de nouveau la Déba; mais, atteint à la fois par les trois colonnes de la division Huber, dans la journée du 21 juin, sur les points de Pissuès, de Casa-Maria et de Puente-Diego, il fut culbuté et rejeté sur cette rivière, dans le plus grand désordre.

En même temps que ce mouvement s'effectuait, et que le général Longa se portait sur Oviedo, le comte Bourck faisait marcher le général d'Albignac, de Léon sur cette même ville avec le quinzième de ligne. Le 21, cette colonne culbuta les avant-postes ennemis près de Gajarès, et le 22, le général d'Albignac, qui avait manœuvré sur les derrières des constitutionnels, pendant la nuit, les attaqua de front à Puente-de-Tieras ; et, quoiqu'ils fussent au nombre de 1600, qu'ils eussent coupé la route et barricadé le village, il les mit dans la déroute la plus complète. Aussitôt les généraux Huber et d'Albignac se mirent en communication, et, réunis, ils se portèrent sur Lugo, tandis que le comte Bourck devait s'y rendre par Astorga et Villa-Franca. Dans ces diverses affaires, nos troupes montrèrent la plus vive ardeur, et supportèrent avec constance, les fatigues de la marche au milieu d'un pays difficile. Le général Huber, avait sous ses ordres le septième léger, deux bataillons du vingt-unième de ligne, le quatrième de hussards et le dix-septième de chasseurs.

Dans les affaires où manœuvra la brigade d'Albignac, le quinzième de ligne aborda l'ennemi avec une telle impétuosité, que nous n'eûmes à regretter, dit-on, que la perte d'un seul homme, tandis que l'ennemi éprouva des pertes considérables.

Le 26 juin, un détachement de quatre-vingt dragons de la garde royale commandé par le duc de Fimarçon, eut aussi une affaire très-brillante à la Cabeza sur les limites de la Manche, contre un parti composé de beaucoup d'officiers, de cent vingt cavaliers et de quelqu'infanterie, qui cherchaient à rejoindre le corps de Ballesteros. Ce parti, attaqué avec vigueur fut mis en déroute au premier choc. Soixante - treize prisonniers, dont treize officiers et soixante-sept chevaux, tombèrent en notre pouvoir.

Le général Huber étant parvenu le 23 à deux heures après midi, à réunir quelques barques à Riba de Sella, prit des dispositions pour faire passer la rivière aux deux bataillons du vingt-unième de ligne. Aussitôt Campillo quitta sa position ; mais le colonel Geutefroy, du vingt-unième impatient de joindre l'ennemi, se mit à sa poursuite, n'ayant encore réuni que trois compagnies sur la rive gauche de la Sella. Après quatre

lieues faites au pas de course sur la route de
Gijon, il atteignit Campillo, qui avait pris
position au village de Couvion, près Colunga.
Il n'hésita pas à l'attaquer avec les quatre-
vingt-dix hommes qui seuls avaient pu le
suivre. Malgré une résistance assez forte,
l'ennemi fut délogé. Campillo étant parvenu
à rallier son monde, et s'apercevant à quel
petit nombre il venait de céder, tenta avec
cinq cents hommes, de reprendre le village; mais le colonel Goutefray avait si habilement disposé ses quatre-vingt-dix braves,
qu'il sut ménager une petite réserve avec
laquelle il repoussa cette attaque. Le général
Huber arriva en ce moment, et les quinze
chasseurs à cheval qui formaient son escorte
s'étant joints au colonel Goutefray, cet officier supérieur poursuivit l'ennemi, qui s'enfuit dans la plus complète déroute, et ne
put se rallier qu'à la faveur de la nuit. Cette
affaire coûta à Campillo trente-cinq morts,
dont deux officiers, quarante-deux blessés
et cinquante-sept prisonniers. Le général Huber qui avait couché le vingt-quatre à Vil-
laviciosa où il avait été reçu avec enthou-

siasme, marcha le vingt-cinq sur Gijon. Campillo se retira subitement à son approche, et ses blessés se jetèrent avec tant de précipitation dans les barques déjà chargées d'armes pour la Corogne, que l'une d'elles chavira et périt. Une grande quantité de fusils en faisceaux sur le quai furent jetés à la mer par les Espagnols qui pour la plupart se cachèrent dans la ville pour se rendre ensuite à nos troupes. Douze pièces de vingt-quatre, une de douze, quelques fusils, deux cent boîtes de mitraille et beaucoup de cartouches et autres munitions, tombèrent en notre pouvoir. Pendant la marche de Riba de Sella sur Gijon, les troupes du vingt-unième de ligne furent les seules engagées. Le succès de cette journée fut donc l'ouvrage de ce brave régiment.

Aussitôt que le général fut arrivé à Gijon, le chef d'escadron Beaumetz du quatrième hussards, se porta sur Avilès avec quatre-vingts chevaux tant de son régiment que du dix-septième de chasseurs, et deux compagnies d'infanterie. Il arriva dans la ville au moment où l'arrière-garde de Campillo achevait de l'évacuer pour se retirer sur Mares, il l'atteignit près du fort St.-Jean. L'ennemi se forma en carré et chercha à manœuvrer pour se mettre sous la protection de ce fort; mais attaqué vivement, ses rangs furent enfoncés, et il prit la fuite dans toutes les directions. M. Beaumetz dirigea de suite une partie de sa cavalerie sur le fort : elle y entra avec les fuyards, et la garnison forte de cinquante hommes se jeta dans une barque qui s'efforçait de gagner le large ; mais le lieutenant Duez, ayant fait tirer sur l'embarcation, elle vint échouer, et dix hommes seulement furent sauvés. Le résultat de cette expédition fut l'achevement de la dispersion de la bande de Campillo.

Le général royaliste espagnol Longa faisait en même temps attaquer deux bandes révolutionnaires qui se trouvaient l'une vers Campo de Caso, l'autre du côté d'Oviedo; toutes deux furent détruites, et le chef de l'une d'elles, Bernard Alvarez se rendit. Le général Longa eut, en cette rencontre, lieu dese louer du dévouement de sa troupe et particulièrement de celui de quelques compagnies françaises des septième léger, vingt-unième et trente-cinquième de ligne, que le général Huber avait mises sous ses ordres.

Pendant que la brigade du général Marguerye formait le blocus de Santona, la garnison de cette place tenta de faire une sortie. Le 2 juillet, cinq à six cents hommes débarquèrent sur la pointe vis-à-vis Colindre. L'ennemi formé sur trois colonnes, força nos postes avancés à se retirer ; mais bientôt il fut arrêté par deux compagnies du trente-cinquième et une du vingt-unième de ligne : l'engagement devint très-vif, et l'ennemi protégé par le feu de ses forts parvint à se maintenir pendant quelque temps dans sa position ; mais les attaques vigoureuses de nos troupes le forcèrent enfin à l'abandonner ; et le général espagnol Valero étant sur ces entrefaites arrivé de Laredo avec une nouvelle compagnie du vingt-unième régiment et s'étant engagé de suite avec la gauche de l'ennemi, celui-ci se retira dans le plus grand désordre, et serait difficilement parvenu à se rembarquer sans le feu de toutes les batteries de la place, qui tiraient à mitraille sur nos troupes. Cette affaire fit le plus grand honneur aux compagnies des vingt-unième et trente-cinquième régiment qui, sous un feu terrible combattirent pendant plusieurs heures des forces supérieures et les forcèrent à la retraite.

Les expéditions des Asturies étant terminées, le général Bourck commença son mouvement sur la Galice; le 2 juin, son avant-garde avait pris possession d'Astorga.

Le blocus de Barcelone ayant été résolu par le maréchal Moncey. Le 8 juillet, la division Donnadieu occupa Sabadell et Saint-Cugat; la division Curial prit position sur le Besos et le Ripollet. Le général ennemi Milans avait deux bataillons sur la rive gauche du Llobregat, en avant de Molins-del-Rey, point très-important par ses moyens de défense, le reste des forces de Milans avait pris position sur la rive droite. Llobera occupait Martorell. Il est à remarquer que le 7, une pluie d'orage ayant rendu le Llobregat inguéable, nous étions dans le nécessité d'emporter le pont de Molins de vive force. Le 9 juillet, l'avant-garde de la division Donnadieu composée du troisième régiment de ligne et du sixième hussards, se mít en marche sous les ordres du général Laroche-Aymon. Le dix-huitième de ligne et le cinquième de chasseurs commandé par le général Achard , furent dirigés sur Martorell. Le troisième de ligne en approchant de Molins-del-Rey, fut accueilli par une vive fusillade ; il aborda cependant l'ennemi sans hésiter, le poussa vers le pont , qu'il traversa l'arme au bras, malgré le feu des troupes qui s'étaient embusquées. En un instant, l'ennemi fut forcé à la retraite : le sixième de hussards s'élança à sa poursuite sur la route de Tarragone jusqu'au col d'Ordal ; le vingt-sixième de ligne suivit son mouvement et força l'ennemi à se retirer sur les hauteurs, à droite de la route. L'attaque dirigée contre Martorell eut le même succès ; l'ennemi fut poussé vivement de position en position ; le général Achard et le dix-huitième régiment de ligne eurent à y combattre environ quatre mille hommes dans une forte position que ce régiment enleva avec une bravoure remarquable ; le cinquième de chasseurs appuya fortement ces attaques partout ou le terrein pouvait le permettre.

Pendant que les opérations du blocus de Barcelone se poursuivaient par la division Curial, l'ennemi fit une sortie composée de deux colonnes, l'une par le Mont-Joui et l'autre par Barcelone ; la brigade Vasserot fut attaquée à Esplugas, mais un feu vigoureux de trois heures parvint à repousser l'ennemi; sa première colonne se retira en désordre sur le Mont-Joui, l'autre se réfugia à Sans sous le feu de la place.

Le 13 au soir, une troisième sortie fut faite des murs de Barcelone sur deux points de notre ligne de blocus : une colonne se dirigeant sur Sarria s'arrêta au milieu de la plaine, sous le canon de la place; l'autre se porta sur Horta pour tourner la gauche de Gracias : le comte Curial envoya sur cette dernière colonne forte d'environ douze cents hommes, quelques compagnies qu'il avait à Gracias; mais bientôt arrivèrent deux bataillons, le troisième du trente-deuxième régiment et le premier du soixantième, qui prenant l'ennemi an flanc, le mirent dans une déroute complète, et le poursuivirent jusuqe sous les murs de la place.

Morillo, qui commandait les troupes constitutionnelles en Galice, indigné de la conduite atroce des Cortès envers Ferdinand, avait refusé de reconnaitre la régence qu'elles avaient créée lors du départ de Séville; il s'ensuivit une scission complète entre lui et Quiroga. Le général Bourck trouva Morillo à Lugo, le 10 juillet, et ils prirent ensemble les dispositions convenables pour la suite des opérations militaires en Galice, tandis qu'un aide-de-camp de Morillo, fut envoyé près de S. A. R. pour porter la nouvelle de sa soumission; en même temps, Morillo envoyait des ordres dans toutes les directions pour faire rentrer dans le devoir les divers détachemens qui précédemment faisaient partie de son armée. Cet événement, qui devait influer plus tard sur la reddition de la Corogne, applanit devant nos troupes les obstacles naturels qui défendaient la Galice.

Quelques débris du corps de Lopez Banos s'étaient réunis dans le comté de Niebla, où plusieurs petits ports fournissaient aux approvisionnemens de Cadix, le comte de Bourmont dirigea sur ce comté une expédition sous le commandement du colonel de Conflans. Après plusieurs marches rapides pendant lesquelles l'ennemi se retira constamment devant nos troupes, il fut atteint à Trigueros, et paraissait vouloir s'y défendre; mais aux premiers coups de fusil de nos tirailleurs, il prit la fuite, et ce fort armé et **muni** d'approvisionnemens, tomba sans coup férir en notre pouvoir.

Le maréchal Moncey s'avançait sur Ygnalada; mais le 22 juillet, Milans avait quitté cette position pour se porter sur Santa-Colonna avec quatre mille hommes; deux à trois mille seulement étaient restés à Ygnalada. Nos reconnaissances rencontrèrent l'ennemi à Saint-Genis, en avant de la fameuse position de Jorba. Là, nous eûmes à combattre la majeure partie du corps de Milans; la position vigoureusement attaquée fut vigoureusement défendue; deux bataillons du soixantième de ligne achevèrent de déterminer la victoire. Le premier léger ne put prendre part à cette glorieuse action, à son arrivée l'ennemi avait déjà effectué sa retraite. La conduite du soixantième fut admirable ainsi que celle du seizième; nos jeunes soldats égalèrent en valeur et en opiniâtreté les plus vieilles troupes; leur attitude dut être d'autant plus remarquable que l'ennemi en nombre supérieur au nôtre, défendit vaillamment ses positions et que ses attaques successives durèrent plus de trois heures sans interruption; l'ennemi dirigea sa retraite sur Cervera. De son côté, le baron d'Eroles se porta sur Calaf où il surprit l'ennemi; cinq cents hommes environ occupaient cette ville, tout ce qui put en sortir fut détruit ou ramassé par un détachement du dix-huitième de chasseurs.

Pendant ce temps-là, le général Foissac-Latour parti de Madrid avec des troupes de cavalerie et d'infanterie se portait vers Jaën, pour couvrir le débouché de la Sierra-Morena et servir de réserve aux troupes d'Andalousie. Le comte Bordesoult qui avait formé le blocus de Cadix, en occupant la côte depuis Rota jusqu'à Conil, s'occupait à organiser une flotille, tant à Séville que dans les ports, pour compléter le blocus par mer; il était secondé par le comte de Bourmont qui s'était établi à cet effet à Séville, ainsi que par le contre-amiral Hamelin commandant de notre flotte.

Le comte Molitor, poursuivant avec son corps d'armée ses succès contre les troupes de Ballesteros, entra le 7 juillet à Murcie, où il fut salué des mêmes acclamations qui l'avaient accompagné à son passage dans tout le beau pays qu'il venait de traverser. Après avoir laissé dans cette ville, la brigade d'infanterie du général d'Arbaud-Jouques et celle de dragons du général Vincent pour contenir la place de Carthagène, il continua son mouvement contre l'armée de Ballesteros avec la division Loverdo, les brigades Saint-Chamans et Pelleport et la division de dragons du général Domon. L'avant-garde du général Loverdo arriva devant Lorca le 12 : nos éclaireurs furent d'abord reçus à coups de fusil, et le gouverneur rejetta toutes propositions ; il fit évacuer la ville et se renferma dans la forteresse, qui située sur un rocher extrêmement élevé et escarpé de tous côtés, est formée de trois enceintes d'un abord difficile et était en outre défendue par plusieurs batteries qui dominaient les environs; l'ennemi avait dans cette position six cents hommes d'élite, dix-huit pièces de canon et des munitions en abondance. Le comte Molitor ayant déjà de nombreux détachemens ne pouvait songer à bloquer Lorca, il résolut donc de s'emparer de cette place par un de ces coups de main dont les annales de la guerre offrent peu d'exemples.

Le général Bonnemain commandant l'avant-garde, fit dès son arrivée devant Lorca investir la ville par la cavalerie, et employa toute la journée du 12 à bien reconnaître les approches de la forteresse; à dix heures du soir, il fit occuper en silence tous les points favorables à l'attaque du lendemain, par le quatrième léger, de même que les hauteurs voisines, par des habitans armés qui s'étaient joints à nos troupes. Le 13, l'ennemi s'étant aperçu que nous occupions les éminences voisines, dirigea vers elles les feux de son artillerie; nos soldats ripostèrent vivement; pendant ce combat qui dura environ cinq heures , on apportait un grand nombre d'échelles; on menaçait les points les plus faibles : ces dispositions faites à la vue de l'ennemi, l'attaque devint plus pressante : tout semblait jetter l'épouvante dans la garnson : les compagnies de carabiniers placées vis-à-vis la seule entrée de la forteresse, en profitent et s'élancent au pas de course à travers les rochers, et malgré la difficulté extrême du terrain et le feu qui devint plus vif, arrivent à la première barrière qui est enfoncée par un sapeur; l'ennemi ébranlé se masse derrière le pont-levis qu'il n'avait pas le temps de bien assurer; l'ardeur des carabiniers est telle qu'ils franchissent le nouvel obstacle en montant sur les traverses et les gardes-foux et parviennent à abattre ce pont-levis; ils sont en même temps soutenus par de nouvelles troupes; l'ennemi est obligé de fuir et de gagner l'enceinte supérieure d'où il demande enfin à capituler, ce qui lui est accordé, à la seule condition de la vie sauve. Le résultat de cette mémorable action fut la prise de trente-cinq officiers, cinq-cents trente sous-officiers et soldats, d'un drapeau, de dix-huit canons, de cent-vingt fusils et d'une grande quantité de projectiles et de munitions de guerre. Après avoir laissé une garnison suffisante à Lorca, le comte Molitor se mit en mouvement sur Basa.

Le 20 du même mois, la ville fortifiée de Morella se rendit par capitulation, aux troupes royalistes espagnoles du général Capape. Le 22, Santos-Ladron prit aussi possession au nom du roi d'Espagne, du fort de Moncon en Aragon.

Les îles de Las Medas, sur la côte de Catalogne avaient aussi capitulé dès le 16, après un blocus rigoureux formé par des forces combinées de terre et de mer, sous les ordres du marquis de Montpezat, chef d'état-major de la neuvième division du quatrième corps, et de M. de Châteauville, capitaine de frégate.

En même temps, le colonel Labarthe, qui manœuvrait depuis long-temps aux environs de Cadreita, pour empêcher la bande Mantilla de passer l'Ebre, atteignit enfin ce chef constitutionnel, qui avait ravagé la province de Soria. 27 hommes et 19 chevaux furent tués ou pris. Mantilla périt dans sa fuite, de la main d'un habitant d'Arquedas.

Le 15 juillet, à dix heures du matin, le général Huber prit possession du Ferrol, par suite d'une capitulation. La garnison, forte de 2,000 hommes, reconnut la régence instituée pendant la captivité de Ferdinand, et continua de faire le service de la place conjointement avec les troupes françaises.

Dans la journée du 18, la garnison de Pampelune fit une sortie d'environ 1,200 hommes, soutenus par deux pièces de canon: l'attaque eut lieu sur tout le front de la division royale espagnole; partout elle fut repoussée avec vigueur. L'attaque et la résistance furent vives, particulièrement à la gauche, où l'ennemi était protégé par un fort; mais il fut ramené jusque sous les glacis, par le régiment *Infant don Carlos*. La mitraille et la fusillade des remparts ayant fait apercevoir à ces braves qu'ils s'étaient trop avancés, ils firent retraite, et furent poursuivis jusque dans la vallée de Montréal. Le général Jamin fit alors attaquer le flanc droit de l'ennemi par un bataillon du troisième léger, et l'obligea à une fuite précipitée. Dans cet engagement, qui dura plus de deux heures, l'ennemi perdit 30 hommes. Il y eut beaucoup de blessés de part et d'autre. Toutes les troupes tant espagnoles que françaises, rivalisèrent de zèle et de courage. Le troisième léger s'y couvrit de gloire.

Le même jour à onze heures du soir, l'ennemi fit sortir de la place de Saint-Sébastien, environ six cents hommes disposés en deux colonnes, dans le but d'incendier le faubourg Saint-Martin : l'une d'elles parvint d'abord à repousser le poste de notre droite, fort de vingt hommes, et mit le feu aux maisons les plus rapprochées de la place; mais le capitaine Gauthier, du vingt-cinquième de ligne, renforcé d'une compagnie d'élite, reprit bientôt sa position, et fit éteindre le feu. Dans le même moment, le centre du blocus était, ainsi que la gauche, attaqué par l'autre colonne; deux compagnies d'élite suffirent pour arrêter l'ennemi qui, sur tous les points, fut vivement repoussé.

De toutes les opérations de la campagne, ce qui se passa le 15 juillet devant la Corogne ne fut pas certainement l'événement le moins important. L'investissement de cette place marquera dans l'histoire de cette guerre comme un fait d'armes qui fait autant d'honneur au général Bourck qu'aux troupes sous ses ordres. Le 13, ces troupes quittèrent Lugo à trois heures du matin ; le 14, l'avant-garde se trouvait à Betanzos en présence de l'ennemi. Cette ville, patrie du fameux Quiroga, fut bientôt en notre pouvoir. A peine ce chef constitutionnel avait-il quitté les dernières maisons, qu'une population ivre de joie vint se précipiter au-devant de nous. Entre Betanzos et la Corogne, il est un passage important dont il était essentiel de s'emparer, mais l'ennemi avait miné le pont de Burgo. L'aide-de-camp du général Larochejaquelein fut envoyé en toute hâte avec cinquante hommes, pour prévenir l'effet de cette mine. Il arriva si à propos que, quelques instans plus tard, nous étions arrêtés par son explosion. A sept heures, le général Bourck arriva avec sa division. La cavalerie passa au gué aussitôt que la marée put le permettre pour se porter à mi - distance de Burgo à la Corogne. Dès que le septième léger et la brigade Berthier eurent passé sur l'autre rive, le général Bourck ordonna au général Laroche Jaquelein de couronner les hauteurs qui sont à une lieue de la Corogne : là, en peu d'instans, il fit son plan d'attaque, et se prépara à l'exécuter. L'ennemi avait hérissé de retranchemens les positions formidables de Sainte-Marguerite; il pouvait, avec très-peu de monde, arrêter une armée dix fois plus forte que la nôtre. L'ordre de l'attaque est donné. Aussitôt les braves voltigeurs du septième léger se précipitent sur les tirailleurs espagnols ; ceux-ci ne peuvent résister à l'impétuosité du choc, et rentrent dans leurs lignes. Officiers et soldats, tout le monde rivalisa de zèle. D'un quart de lieue en arrière on vit accourir des détachemens des vingt-deuxième, trente-septième et trente-huitième de ligne, impatiens de se trouver à l'affaire. « Soldats du septième léger, s'écrie » le général Bourck d'une voix forte, c'est à » vous qu'est réservé l'honneur d'enlever ces » retranchemens; là haut, dans ces rochers, » se trouve l'ennemi : en avant, au pas de

» charge ! » A la bayonnette, à la bayon=
nette, s'écrie-t-on de toutes parts : alors
le feu cesse de notre côté; et, à travers une
grêle de balles, nos braves gravissent, au
pas de course, les hauteurs des moulins.
L'intrépide colonel Lambot, monté sur un
rocher et un mouchoir blanc à la main,
appelait vers lui tous ses soldats, et leur in-
diquait par où ils devaient passer. Le général
Bourck, à pied, malgré ses anciennes bles-
sures qui rendent sa marche difficile, était
aussi en avant, dirigeant la marche de nos
colonnes avec un sang-froid admirable. Larochejaquelein, par sa brillante valeur,
soutint aussi dans cette affaire l'éclat qui
s'attache à son nom. L'ennemi perdit conte-
nance et lâcha pied quand nous fûmes à
soixante pas : alors la fusillade recommença
de notre côté, et nous entrâmes pêle-mêle
dans les retranchemens. La retraite des Espagnols était assurée par deux grandes routes. C'est pourquoi nous ne pûmes faire de
prisonniers. Nos soldats étaient si harrassés
par la fatigue qu'à peine avaient-ils la force
de lâcher leurs coups de fusil. Un petit ba-

taillon de transfuges, qui faisait partie de la garnison de la Corogne, essaya, mais en vain, d'ébranler la fidélité de nos troupes, en déployant sur le glacis un énorme drapeau tricolore ; mais à l'apparition de ce signe de la révolte, nos soldats oublièrent leurs fatigues pour les forcer à rentrer dans la place. Quelques jours après, le général Bourck signa une convention d'après laquelle la Corogne devait être remise en notre pouvoir ; et le 21, au matin, les troupes de la deuxième division du premier corps d'armée entrèrent dans la place, où il y avait environ quatre mille hommes de garnison, une nombreuse artillerie, et des provisions de toute espèce.

Le 16 juillet, l'ennemi, au nombre d'environ 9,000 hommes, et protégé par toutes ses batteries, fit une sortie de l'île de Léon et du Trocadero. L'action commença à cinq heures du matin. L'ennemi, soutenu par soixante pièces de gros calibre et neuf chaloupes canonnières, se présenta sur six colonnes, pour se porter à la fois sur tous les points de notre ligne, depuis Puerto-Réal jusqu'à Chiclana. La colonne de droite passa le canal près du fort Santi-Petri; trois autres colonnes débouchèrent par le pont de Suazo; l'une d'elles se dirigea sur Chiclana; une autre colonne marcha sur la redoute de Belune; et la dernière sur le moulin d'Osio, retranché, crénelé et occupé par une compagnie de nos voltigeurs. La cinquième colonne sortit de la Carraca, pour se porter sur la redoute Ruffin; enfin la sixième sortit u Trocadero. Ces colonnes, ayant passé le anal, manœuvrèrent avec l'assurance que evait leur donner leur extrême avantage. Afin d'augmenter l'aveugle, confiance de l'ennemi dans ses forces, et l'entraîner hors de la portée de la mitraille de ses bouches à feu, le général Bordesoult avait ordonné qu'à l'exception des postes fortifiés, nos troupes eussent à se retirer, pour ensuite couper à l'ennemi le chemin de ses retranchemens; mais l'ardeur de l'armée ne permit pas à son général d'exécuter ce projet. A Puerto-Réal, deux compagnies d'élite du trente-sixième de ligne, après avoir attendu que l'ennemi fût à vingt pas pour faire feu, se portèrent sur ses flancs avec tant d'au-

ûace, qu'il se retira dans la plus grande con-
fusion, poursuivi jusqu'à son pont de chevalets par nos deux compagnies, qui, malgré
la mitraille de plus de vingt bouches à feu,
lui firent plusieurs prisonniers. La colonne
sortie de la Carraca s'était portée sur la Venta-
Nueva; mais une compagnie du trente quatrième de ligne s'étant montrée, cette colonne suspendit son mouvement offensif. La
colonne dirigée sur le moulin d'Osio appuyé par une de nos chaloupes canonnières, fut si vigoureusement accueillie
par la fusillade de nos voltigeurs du trente-
quatrième, qu'elle joncha le terrain de
morts et de blessés. Celle qui se portait
sur la redoute de Bellune n'obtint pas un
résultat plus heureux; elle y fut reçue par
un feu si bien nourri, qu'après un combat de demi-heure, elle se retira pour se
joindre à la colonne qui attaquait le moulin
d'Osio. La compagnie retranchée dans ce
moulin, mérita les plus grands éloges : seule
elle arrêta deux colonnes fortes ensemble de
près de 3,000 hommes qui, après une heure
de fusillade, et après avoir éprouvé des

pertes considérables, furent forcés à se retirer dans l'île. La colonne qui avait longé la route de Chiclana, présumant que la maison crénelée située en avant de cette ville était abandonnée, s'avançait avec confiance aux cris de *vive Riego!* Arrivée à 25 pas de cette maison, elle fut accueillie par le feu de la compagnie du vingtième de ligne qui l'occupait, et par celui des tirailleurs placés en arrière : elle voulut alors se déployer ; mais le général comte de Béthisy, qui commandait deux bataillons et trois pièces d'artillerie de la garde-royale, masqués dans des bois, l'ayant fait mitrailler, et ayant marché sur elle, la força de se retirer et la poursuivit jusqu'aux bords du canal. La colonne sortie près du fort de Santi-Petri était arrivée à portée de la chapelle de Sainte-Anne; mais le prince de Carignan, qui occupait ce point avec un bataillon du vingtième régiment, s'engagea aussitôt avec elle: couverte par divers obstacles, elle se maintenait depuis plus d'une heure ; lorsque le général de Béthisy, débarrassé des troupes qui s'étaient portées sur lui, marcha sur Sainte-Anne. Dès-lors cette dernière colonne se retira comme les autres dans le plus grand désordre. Dans cette journée où nos troupes donnèrent tant de preuves de leur bravoure et de leur dévouement au Roi, l'ennemi, malgré son nombre supérieur, fut partout culbuté. Sa perte fut, dit-on, de plus de 1,500 hommes.

Le dimanche 20 juillet, vers les onze heures du matin, Monseigneur le duc d'Angoulême était allé entendre la messe à l'église des Clerigos del Espiritu-Santo. Au moment où le célébrant se tournait pour donner la bénédiction, on apperçut quelques étincelles au-dessus du chœur et della tribune. Lorsque le prêtre sortait de la sacristie et le prince de l'église, d'autres étincelles se firent voir auprès du maître-autel et tout près de la place que venait de quitter S. A. R. Presqu'en même tems pareil spectacle frappait les regards du côté opposé; de sorte que le feu prit à-la-fois en trois endroits différens très-éloignés les uns des autres. En moins de cinq minutes il s'était propagé dans toute l'église et dans l'édifice contigu. Jamais on ne vit un incendie se

répandre avec tant de rapidité. Si S. A. R.
eut tardé cinq minutes à sortir de son
hôtel, une vie précieuse à la France, à
l'Espagne royaliste, à l'Europe entière et
celle de 4 à 5oo personnes eussent été sacri-
fiées à la rage désespérée de quelques fana-
tiques. Un mois auparavant, un incendie à
peu-près semblable avait menacé à Bor-
deaux les jours de S.A.R. Madame. Enfin il y
avait trois ans qu'une tentative aussi crimi-
nelle avait eu lieu à Paris dans le palais même
du Roi. L'imagination frémit à tous ces rap-
prochemens. Nous ne pouvons cependant
nous empêcher d'observer, pour la satisfaction des bons et loyaux Espagnols, que
la population de Madrid manifesta dans
cette circonstance la plus vive indignation
d'un pareil forfait ; que la Régence mit
tout en œuvre pour parvenir à en décou-
vrir les auteurs. Le Corrégidor de Madrid
déploya en cette occasion, toute l'activité
que l'on devait attendre de son zèle. Il en
résulta l'arrestation d'un grand nombre
d'individus qui fournirent, dit-on, d'importantes révélations.

9 *

Le général Vincent qui était à Murcie avec une brigade d'infanterie et une de dragons, ayant appris qu'une colonne de 1,500 hommes était sortie de Carthagène le 18 juillet, pour faire des vivres et lever des contributions, se mit aussitôt en marche pour l'attaquer. Il joignit son arrière-garde à Roda ; et tout fut si bien combiné et exécuté par le colonel d'Hautpoul avec un escadron du cinquième de dragons et un bataillon du quatrième de ligne, que cette arrière-garde composée de trois officiers et de cent soldats fut faite prisonnière. Arrivé le 24 à Guadix avec l'avant-garde de la division Loverdo, le comte Molitor apprit que l'armée ennemie avait enfin pris position pour l'attendre. Zayas était à Grenade ; Ballesteros et Balanzer s'étaient portés à Guadalhuertuna. Le comte Molitor s'avança le 25 de Guadix sur Moreda, à la tête de toute la division Loverdo. Le général Pelleport reçut ordre de se porter de Gor sur Guélago. Il fut prescrit en même temps au général Domon qui arrivait à Baza, de marcher sur Almias. L'ennemi qui comptait sur sa cavalerie composée de vieux soldats, se hâta de porter 1,200 chevaux en avant de Guadalhuertuna ; nous n'avions à leur en opposer sur ce point que 400 qui avaient marché douze heures. Le général Bonnemain qui commandait cette avant-garde n'hésita pourtant pas à commencer l'attaque. Les escadrons placés en avant et dans la ville furent bientôt culbutés ; et ensuite trois charges régulières eurent lieu sur un millier de chevaux qui , après avoir fait une résistance opiniâtre , furent poursuivis jusqu'à deux lieues au-delà de Guadalhuertuna par les chasseurs des dixième et dix-neuvième régimens , soutenus par les voltigeurs du quatrième de ligne, venus au pas de course pour prendre part au succès. Après avoir éprouvé ces échecs, Ballesteros ayant encore avec lui 12,000 hommes , se retira vers Huelma, et fit plusieurs marches et contre-marches. Le général Molitor le poursuivit dans les montagnes de Campillo de Aronas : en même tems le général Ordonneau s'avança vers Grenade. Zayas qui occupait cette ville , s'était retiré à l'approche de nos troupes et n'y avait laissé qu'un bataillon pour le maintien de la tranquillité : mais lorsque la brigade Ordonneau parut, le bataillon constitutionnel s'empressa de se réunir à elle. Les habitans de Grenade, éminemment royalistes, firent éclater, dans cette occasion, les transports de la joie la plus vive.

Les divers détachémens que le comte Molitor avait envoyés sur la ligne de communication et sur Grenade, avaient réduit sa force actuelle à quatorze bataillons. L'ennemi en avait plus du double. Mais ce vaillant général plein de confiance dans la valeur de ses troupes, les réunit le 28 juillet de grand matin à Montélégicar. Il dirigea la division Loverdo par la droite vers les hauteurs qui dominent Campillo ; et lui-même à la tête des divisions Pelleport et Domon, il marcha par la gauche pour prendre l'ennemi à revers. Après une heure de marche, le comte Molitor rencontra une reconnaissance de cent cinquante cavaliers qui, placés sur une éminence, firent feu sur la téte de sa colonne. Le capitaine Lanferna du vingtième de chasseurs qui commandait l'escorte du Comte, fondit aussitôt sur l'ennemi et le tailla en pièces. La marche des colonnes se fit avec tant d'ensemble qu'elles arrivèrent et commencèrent l'attaque en même tems. L'infanterie de Ballesteros couronnait toutes les hauteurs et sa réserve s'avança aussitôt pour tourner la droite de la division Loverdo. Mais ce général était en mesure de la recevoir. Un bataillon de voltigeurs soutenu par les premier et onzième de ligne, commandés par le général Corsin eurent bientôt refoulé l'ennemi en se portant contre sa gauche et s'emparèrent de la position de Las-Albunclès. En même tems, le général Bonnemain à la tête des quatrième et huitième légers, attaquait avec succès les hauteurs qui dominent Campillo. Sur la gauche, où se trouvait le comte Molitor, l'ennemi voulut défendre ses approches ; mais le général Saint-Chamans à la tête des quatrième et vingtième de chasseurs, exécuta plusieurs charges brillantes, sabra

ét culbuta tout ce qui s'opposait à son passage. L'armée française entra dans Campillo au son des cloches et aux acclamations
des habitans. Le général Pelleport fut parfaitement secondé en cette circonstance par
le général Buchet qui commandait les vingt-
quatrième et trente - neuvième de ligne.
L'ennemi, d'abord repoussé de Campillo, se
sauva en désordre dans la direction de Cambil ; mais obligé de passer sous le feu de la
division Loverdo, il fut contraint de se re-
jeter sur la gauche, où le général Pelleport
après avoir emporté la position escarpée
d'El-Castillo, soutenu par la brigade Faverot, lui fit éprouver de nouvelles pertes.
Le feu était extrémement vif sur tous les
points, principalement de la part des troupes constitutionnelles qui avaient l'avantage
d'occuper les pics : nos soldats ne ripos-
taient que difficilement en escaladant les rochers ; mais arrivés aux sommets ils pre-
naient leur revanche, et nulle part l'ennemi
ne put résister à la vivacité de l'attaque.
La division Loverdo exécuta plusieurs
charges à la bayonnette qui détruisirent

en partie les régimens d'Aragon et de Valence. Toutes les positions furent successivement enlevées. La nuit seule mit fin à la
poursuite de l'ennemi qui se retira dans la
direction de Cambil après avoir laissé dans
les rochers quatre à cinq cents morts ou
blessés et avoir perdu trois cents prisonniers.

Pendant que notre armée de terre poursui-
vait ses succès, deux escadres composées de
vaisseaux, de frégates, de corvettes et de
bâtimens légers, se formaient avec célérité.
L'une croisait dans l'Océan sous les ordres
du contre-amiral Hamelin, qui avait envoyé
une de ses divisions devant Cadix, après avoir
laissé sur les côtes de Biscaye plusieurs bâtimens. La seconde escadre qui croisait dans
la Méditerannée, était chargée de surveiller
la côte orientale de l'Espagne. Une partie de
cette dernière escadre, sous les ordres du
capitaine Rosamel, commandant la frégate
la Junon, se concentra entre les îles Baléa-
res et les côtes de la Catalogne. Le 15 août,
la frégate la *Guerrière* commandée par le
capitaine Lemarant, et la *Galathée*, sous

les ordres de M. Drouaut, capitaine de vaisseau, contribuèrent puissamment à la prise d'Algésiras. Pendant deux heures et demie, sans interruption, ces deux frégates couvrirent l'île Verte de leurs boulets.

Le 28 juillet, Mgr. le duc d'Angoulême quitta Madrid pour porter son quartier-général au centre des opérations militaires, sous les murs de Cadix. Le prince marchait immédiatement après l'avant-garde de la colonne que commandait le comte d'Ambrugeac. Le duc de Reggio resta à Madrid avec les gardes-du-corps et les cuirassiers de la garde royale.

Pendant toute sa route, le prince fut salué par les bénédictions et les chants d'allégresse d'une multitude innombrable qui, de plus de six lieues à la ronde, accourait au devant de son libérateur.

Dans ce voyage, entrepris sous de si heureux auspices, nos soldats eurent maintes et maintes fois l'occasion d'apprécier les rares qualités du cœur de leur auguste général. On voyait S. A. R. après de longues marches parcourir les bivouacs, parler à tous, s'in-

former comme un père des besoins de chacun, et lorsqu'enfin la fatigue forçait le
prince à prendre quelque repos sur les rochers de la Sierra-Morena, il se couchait près
du premier soldat et partageait avec le brave,
son peu de paille, sans permettre qu'on prît
d'autre soin pour son auguste personne.

Le 3o juillet, à quatre heures du matin,
l'ennemi se présenta sur l'extrême gauche de
la ligne d'investissement de Barcelone avec
5ooo hommes, 6 canons et 80 chevaux, se
dirigeant sur Santi-Marti; sa droite était ap-
puyée par six chaloupes canonnières. Une
fusillade très-vive s'engagea d'abord depuis
le bord de la mer jusqu'à Clot. Le sixième léger, secondé du vingt-troisième de chasseurs
et de deux pièces d'artillerie légère aborda
l'ennemi avec sa valeur ordinaire et le força
à un mouvement rétrograde sur plusieurs
points. Le comte Curial, à la tête d'un bataillon du dix-neuvième de ligne précédé de
ses compagnies d'élite, prit l'ennemi en flanc
et le fit poursuivre jusque sous la mitraille
du fort Pio. Le combat dura plusieurs heures.

Par suite d'une convention conclue le 4

août entre le comte Molitor et Ballesteros ; les hostilités cessèrent enfin de part et d'autre. Le général espagnol en reconnaissant l'autorité de la régence de Madrid donna ordre aux gouverneurs des places de Carthagène, Alicante, Pampelune, Saint-Sébastien, Peniscola, Monçon, Vénasque, de la reconnaître également. 7000 vieux soldats qui formaient les forces du corps de Balesteros, furent en même temps dispersés dans divers cantonnemens. Cet important événement déterminé par les succès constans du deuxième corps et par les mouvemens du général Foissac-Latour, n'eut pas peu d'influence sur la pacification de l'Espagne.

Le 14 août, l'ennemi fit un nouvel effort. Milans et Llobera, après avoir réuni à Montblach la totalité de leurs forces (environ 6000 hommes) parurent d'abord se diriger sur la Seu-d'Urgel. Le colonel Salperwick reçut l'ordre de se porter de Vich qu'il occupait avec deux bataillons du huitième de ligne, à Urgel pour y renforcer les troupes qui formaient le blocus de la place. Le comte Curial resta chargé du commandement du blocus

de Barcelone, et le maréchal Moncey marcha avec le dix-huitième de ligne, un bataillon du premier léger et l'escadron *del
principe*, pour se porter suivant les circonstances à Tarassa ou à Granollers. L'ennemi
ayant tout-à-coup changé de direction et s'é-
tant rapproché de Manrésa, le baron d'E-
roles quitta sa position de Calaf pour se réunir au général Tromelin à Manrésa. Là, ils
apprirent que les troupes constitutionnelles
se dirigeaient sur le pont de Cabriana; mais
le lieutenant-colonel Valz du 6e de hussards, à la tête d'un escadron de ce régiment
et d'un détachement du 18e de chasseurs,
arrêta l'ennemi et le força à la retraite. Chassé
de la position de Cabriana, l'ennemi en avait
pris une plus forte près de Caldès, mais il en
fut bientôt expulsé. Le seizième de ligne, le
corps du baron d'Eroles, fort d'environ 1200
hommes et les escadrons du dix-huitième
de chasseurs et du sixième de hussards, lut-
tèrent d'abord seuls contre tóutes les forces
ennemies. Deux bataillons du soixantième
régiment étant arrivés sur le champ de bataille, le général Tromelin les ploya en colon-

nes serrées et fit attaquer par ses deux flancs la position occupée par l'ennemi. Un plein succès couronna cette manœuvre. Les troupes constitutionnelles tentèrent vaincment de se rallier à Moya ; elles ne tinrent que peu d'instans dans cette position et se retirèrent précipitamment sur l'Estang.

Dans la soirée du 18 août, le colonel de Rochedragon, commandant les cuirassiers de Berry de la division Roussel d'Urbet, rencontra le chef de partisans Chaléco avec 250 chevaux près du village de *la Puëbla del principe*, le chargea et le mit dans une déroute complète. Le lendemain Chaléco demanda une entrevue au marquis de Rochedragon ; il y fut convenu qu'il reconnaîtrait la régence et qu'on cesserait les hostilités. Cette affaire fit le plus grand honneur à M. de Rochedragon et prouva, qu'il n'a manqué dans cette campagne, aux cuirassiers de Berry, que des occasions de se distinguer et de soutenir leur réputation.

Pendant que le général Bonnemain se portait sur Malaga par Alméria, afin de détruire les bandes ennemies, la division Loverdo suivait les traces de Riego en marchant directement sur Malaga : Gador et Alméria furent successivement occupés; une autre colonne qui était en position à Ugyar, fut en même temps attaquée par cent hommes du huitième léger de la brigade Levavasseur. Le chef de bataillon Talabot commandant ce détachement, fit mettre bas les armes à près de quatre cents constitutionnels. Ce beau fait d'armes eut lieu le 27 août. Le général Bonnemain se porta ensuite sur Motril dont il prit [possession le 4 septembre; pendant ce temps-là, le général Loverdo arrivait à Malaga. Mais Riego en était parti la nuit avec deux mille cinq cents hommes. Cent quarante-cinq hommes qui se trouvaient encore dans la place, tombèrent en notre pouvoir. Le général Saint-Chamans ayant envoyé dans la direction de Vélez le vingtième de chasseurs soutenu par un escadron du dixième de dragons, cette cavalerie chargea l'ennemi pendant près de trois lieues.

Le 27 août, à sept heures et demie du matin, cinq mille hommes d'infanterie, deux cent cinquante chevaux et deux obusiers sortirent de Tarragonne, se dirigeant sur Altafulla. L'ennemi marchait sur trois colonnes; l'une se porta sur la chapelle St-Jean, l'autre sur la grande route, la troisième sur Riéra. Les brigades Montgardé, Achard et Fantin-des-Odoarts, furent chargées de défendre ces trois positions; l'attaque faite sur la chapelle Saint-Jean fut repoussée par une charge à la bayonnette, exécutée par le trente-unième de ligne. L'ennemi avait atteint et couronné la crête des hauteurs qui sont à droite de la route de Tarragone; le dix-huitième de ligne l'y attaqua l'arme au bras, et l'en chassa. Le deuxième bataillon du premier léger, repoussa avec le même succès la colonne qui se portait sur Riéra; ces trois colonnes furent poursuivies jusqu'à la tour dite de Scipion, après avoir jonché de morts le champ de bataille. Le lendemain de cette affaire, le maréchal Moncey s'étant décidé à une reconnaissance générale, dirigea lui-même le mouvement d'une partie de ses troupes qui partirent de Valls. Le général Berge commandait celles qui partaient d'Altafulla; la brigade Tromelin prit la route du Mont-Olivo. Dix compagnies du huitième de ligne, et les troupes de la division espagnole se dirigèrent vers la Madone de Lorito; le général Montgardé marcha d'Altafulla par la grande route avec dix compagnies du trente-unième de ligne, deux bataillons du troisième de ligne commandés par le général Fantin-des-Odoarts, le sixième de chasseurs et deux pièces de canon; le général Berge se porta vers la Madone avec la brigade Achard. La position de la Madone de Lorito était occupée par l'ennemi; à neuf heures du matin, le maréchal en ordonna l'attaque; les voltigeurs du premier léger et l'avant-garde du baron d'Eroles, l'abordèrent à la fois, par deux points différens; et soutenus par le premier léger, ils en chassèrent l'ennemi. Ce régiment emporta successivement deux mamelons que l'ennemi occupait avec des forces considérables. Les dix compagnies du huitième régiment concouraient à la seconde attaque. Les généraux Fleury commandant en chef le génie, et Desprez, chef de l'état major général marchaient à leur tête. Les troupes ne furent arrêtées ni par le feu de la place, ni par la rapidité des pentes qu'il fallait gravir, ni par les rochers dont ces pentes sont hérissées. Pendant cette attaque, deux compagnies de voltigeurs espagnols et un bataillon du seizième de ligne envoyés sur les flancs et les derrières de l'ennemi, précipitèrent sa retraite. La brigade Tromelin qui fut pendant une partie de la journée exposée au feu de la place rejeta dans le fort Olivo les troupes ennemies qui s'étaient portées en avant. Sur tous les points nos colonnes s'approchèrent des remparts à portée de mousqueterie et s'y maintinrent jusqu'à ce que l'objet de la reconnaissance fut parfaitement rempli.

Aussitôt arrivé devant Cadix, Monseigneur résolut de s'emparer du Trocadéro, position que les assiégés avaient cherché à rendre inexpugnable par de nombreux travaux ; l'isthme du Trocadéro avait été coupé depuis le dernier siège par un canal ou Cortaduras de soixante-dix mètres de largeur sous la protection d'une ligne armée de quarante-cinq bouches à feu. Dix-sept cents hommes d'élite très-exaltés occupaient ces ouvrages dont les abords étaient protégés par le feu d'un nombre considérable de chaloupes canonnières ; la tranchée fut ouverte dans la nuit du 19 au 20 août. Les journées suivantes furent employées à l'armement des batteries. Pendant tout ce temps, l'ennemi ne cessait de faire le feu le plus vif, sans parvenir à ralentir l'ardeur des travailleurs, ni même altérer leur gaîté ; le 30, à la pointe du jour, nos batteries engagèrent une violente canonnade, dans le seul but de fatiguer l'ennemi. Elle fut le prélude de l'attaque de vive force que le prince généralissime avait résolu pour la nuit du 30 au 31. S. A. R. arrêta pour cette attaque les dispositions suivantes : quatorze compagnies d'élite furent réunies : celles des bataillons de guerre des troisième, sixième, septième régimens de la garde royale formèrent le premier échelon ; celles du troisième bataillon, du trente-quatrième de ligne et du troisième bataillon, du trente-sixième composèrent le second. Cent sapeurs et une compagnie d'artillerie suivaient immédiatement.

Après ces échelons marchaient les trois bataillons de la garde et le trente-quatrième régiment ; le troisième bataillon du trente-sixième se trouvait en réserve. Des officiers qui dans les nuits précédentes avaient reconnu avec la plus grande hardiesse, les passages les moins difficiles du canal devaient guider chaque échelon. Les troupes défilèrent par la tranchée dans le plus grand silence et furent formées en une seule colonne à la hauteur de la deuxième parallèle. Il leur était ordonné de franchir le canal et de marcher rapidement sans tirer aux retranchemens ; l'obstacle surmonté, les premières divisions devaient se retirer par la droite et par la gauche pour s'emparer des batteries, et le reste de la colonne se porter au delà de l'ouvrage pour agir ensuite suivant les circonstances. En même temps, un équipage de pont descendait le Rio-san-Pedro pour venir établir la communication sur le canal de la Cortadura ; les ordres de Monseigneur furent exécutés avec autant de précision que d'intrépidité. A deux heures un quart, malgré le feu de l'ennemi, la profon-

deur de l'eau et les chevaux de frise , la colonne traversa le canal sans hésiter et en
moins de quinze minutes pénétra dans l'in-
térieur de l'ouvrage aux cris de *vive le Roi!*
Nos soldats avaient à se venger des injures
que l'ennemi n'avait cessé de leur prodiguer
pendant les travaux de la tranchée; aussi
ceux qu'ils atteignirent dans le premier moment furent percés de coups de bayonnette,
et presque tous les artilleurs tués sur leurs
pièces; le moulin retranché de la Guerra
où se trouvait la réserve fut également emporté et les quarante-cinq canons qui gar-
nissaient la ligne furent à l'instant tournés
contre l'ennemi. Le Prince généralissime ,
arriva bientôt sur la position enlevée d'une
manière si brillante; il recueillit de nombreuses marques de l'affection et de l'enthousiasme des troupes pour sa personne. Tout
en elles annonçait combien elles se trouvaient heureuses d'avoir si bien justifié sa
confiance et prouvé leur dévouement au Roi.
Cependant l'ennemi s'était retranché dans
les maisons situées à l'embouchure du canal
qui sépare le Trocadéro de l'île et du fort

Saint-Louis, dont l'accès était hérissé d'obstacles, et sous la protection de ses canonnières et des batteries de Puntalès. Le troisième bataillon du trente-sixième de ligne
et le trente-quatrième régiment appuyés
d'un bataillon de la garde furent dirigés sur
ce point, et la position fut emportée. C'est
dans cette seconde affaire non moins vigoureuse que la première, que le commandant
des troupes ennemies réunies dans le Trocadéro, le colonel Garcès, membre des cortès,
fut fait prisonnier avec beaucoup d'autres officiers. Avant 9 heures, nous étions maîtres de
la totalité de l'isthme et nous avions fait éprouver à l'ennemi une perte de cent cinquante
tués, trois cents blessés et mille prisonniers;
à peine deux cent cinquante hommes parvinrent à s'embarquer. A l'instant même où
les retranchemens du Trocadéro venaient
d'être enlevés, S. A. R. fit donner ordre à la
flottille de Guadalète composée de onze canonnières, de sortir du port Ste.-Marie pour se rallier a notre escadre. Quinze chaloupes ennemies forcèrent de voiles pour s'opposer à son
passage; mais déjà elle était sous la protection

du fort Sainte-Catherine dont le feu et celui du brick la Lilloise contraignirent promptement l'ennemi à s'éloigner. Pendant que ces choses avaient lieu, toutes les autres troupes, tant à Chiclana que sur le reste de la ligne, étaient sous les armes et s'éclairaient sur tous les points; partout les meilleures dispositions furent faites par le comte Bordesoult; on ne saurait donner assez d'éloges à la manière dont il fit exécuter les ordres de Monseigneur dans cette journée si glorieuse pour les armes françaises. Il fut parfaitement secondé par les généraux Dode, Tirlet, Obert, comte Descars, baron Goujeon etc., qui sans cesse à la tête des troupes sûrent tirer parti de leur ardeur. Tous les corps firent leur devoir : les voltigeurs de la garde royale Suisse rivalisèrent de zèle et de valeur avec ceux de la garde française. Le Prince généralissime se trouva constamment au milieu du feu le plus vif, il passa un des premiers sur le pont, et la mitraille atteignit plusieurs braves à ses côtés. S. A. R., ne rentra à Puerto-santa-Maria que lorsque tout était fini. On peut juger de quelle admiration et de quel enthousiasme une armée de français était alors pénétrée pour son auguste chef: un tel exemple enflammait tous les esprits. Le prince de Carignan se distingua également à cette affaire par son intrépidité, il voulut passer un des premiers le fossé à gué; et comme il escaladait une redoute, un de nos grenadiers le voyant en grand danger, le tira par son habit, et le fit tomber dans l'eau, en lui disant : *Monseigneur, vous prenez ma place. Camarade, je suis volontaire royal,* répond le jeune prince qui remonte à l'assaut, et couvert de sueur, se montre au premier rang : ce fut S. A. qui servit la première pièce qui fut tournée contre l'ennemi. Les régimens de la garde royale offrirent au prince de Carignan des épaulettes de grenadier français. Le jeune prince parut fort sensible à cet hommage rendu à sa bravoure.

On raconte qu'après l'affaire du Trocadéro, Mgr le Duc d'Angoulême parcourait le champ de bataille quand un officier français, étendu à terre, se souleva à l'aspect du Prince en s'écriant : vive le Roi !

Monseigneur vint à lui, l'officier lui dit : *Je meurs, mais je meurs heureux, car c'est pour le Roi.* S. A. R. se baissa, l'embrassa ; et l'officier, transporté de joie, rassemblant le peu de forces qui lui restaient, s'écria : *Vive le Duc d'Angoulême !* et mourut à l'instant.

On raconte encore que S. A. R., inspectant le 2 septembre les régimens qui avaient combattu au Trocadéro, les soldats lui crièrent : *Notre Prince est-il content ?* A quoi Monseigneur répondit : *Mes amis, je sens tout mon bonheur de commander à des braves comme vous.*

Les mouvemens ordonnés par le lieutenant-général Bourk, pour couper la retraite du côté de la Puébla de Sanabria aux constitutionnels sortis d'Orense, eurent les plus heureux résultats. Après des marches forcées, le général Marguerye les atteignit avec le trente-cinquième de ligne à Gallégos de Camp. Il se disposait à les attaquer, lorsque l'ennemi envoya parlementer. En conséquence, une capitulation fut signée dans les premiers jours de septembre, en vertu de laquelle les généraux Rosello, Vigo, Palaréa, quatre colonels, six lieutenans-colonels, cent quarante officiers, et mille deux cent soixante-quatre sous-officiers et soldats se rendirent prisonniers de guerre. Cette capitulation assura la tranquillité de la Galice.

Le 10 septembre, à cinq heures du matin, la garnison de Barcelone fit une sortie sur plusieurs points de notre ligne d'investissement. Mais le général Laroche-Aymon, à la tête du douzième léger et d'une partie du sixième de hussards, chassa l'ennemi de Bordetta. Les attaques tentées contre Esplugas, Gracia et San-Marti, furent aussi repoussées. Deux jours après, à la même heure, six mille hommes d'infanterie, soutenus par six pièces de canon et cent cavaliers, firent une nouvelle sortie sur trois colonnes : la première longeait la mer; la deuxième se portait sur Clot; la troisième se dirigeait vers Gracia. Deux bataillons français, l'un du sixième léger, l'autre du trente-deuxième de ligne, soutenus par le dix-huitième de chasseurs et par deux pièces d'artillerie, repoussèrent vigoureusement la deuxième colonne. La bravoure des compagnies du septième, du dix-neuvième et du trente-deuxième de ligne, firent échouer les efforts de la troisième, et achevèrent de chasser l'ennemi de tous les points où il tentait de s'établir.

Une division composée des troisième léger, sixième, neuvième et quatorzième de ligne, sous les ordres du général Jamin, avait été placée, par le maréchal Lauriston, devant les fauxbourgs de Pampelune. Elle en fit l'attaque le 3 septembre à cinq heures et demie du matin. Deux heures après, la Rocheappea et la Madalena étaient occupés par nos troupes, qui furent obligées d'emporter de vive force des maisons crénelées, malgré une pluie de mitraille. L'attaque fut vaillamment soutenue par les feux du vingtième léger, des trente-troisième et quarantième de ligne. De son côté, le général Pécheux fit prendre la position de la redoute du *Prince* par le général Fernig, avec le quarantième régiment et les grenadiers de l'Infant Don-Carlos. Le général espagnol Quinsonas contribua beaucoup à l'occupation du faubourg de la Madeleine. Enfin le général Damrémont, avec un bataillon du vingtième léger, soutint par une attaque de flanc celle qui était dirigée contre la *Maison blanche* par le troisième léger, conduit par le général de Tressan et le brave colonel de Saint-Gilles. Deux escadrons, l'un du troisième régiment de hussards, l'autre du troisième de chasseurs, soutenaient dans cette affaire notre infanterie. Leur attitude, sous le feu de la mitraille, se montra telle qu'on devait l'attendre de véritables soldats français. Le maréchal s'occupa, immédiatement après, de l'ouverture de différentes tranchées. Mais le 17 septembre, la place se rendit par capitulation, après avoir essuyé le feu de notre artillerie qui avait écrasé sa citadelle.

Par suite des opérations des divisions Lloverdo et Bonnemain, Riego avait été obligé de se retirer dans les Alpujarras avec environ 3,000 hommes. Ce chef constitutionnel résolut de s'en servir pour faire une tentative sur les cantonnemens de Ballesteros, et chercher à insurger son armée. Le comte Molitor dirigea aussitôt la division Bonnemain sur Alcala là Réal, tandis qu'il prescrivait au général Loverdo d'accourir avec ses troupes. Le général Saint-Chamans avec deux bataillons du vingt-neuvième de ligne et du vingtième régiment de chasseurs marcha sur Montefrio; et ce dernier régiment fit une telle diligence, qu'il arriva sur ce point le 9 septembre, et y surprit le corps de Riego. Le terrain n'étant pas favorable à la cavalerie, le colonel Tessier manœuvra pour attirer l'ennemi dans la plaine, et y exécuta une fort belle charge qui coûta à celui-ci plusieurs morts et beaucoup de blessés.

Pendant ce temps, les dispositions ordonnées par S. A. R. recevaient leur exécution.

Le lieutenant-général Foissac-Latour, qui était à Cordoue, se portait sur Andujar, et le lieutenant-général Vallin arrivait avec sa division à Écija. D'un autre côté, le lieutenant-général Bonnemain atteignait Riego à Jaen. Le 13 il fit commencer l'attaque. L'ennemi essaya de se rallier vers Mancha-Réal, Mais bientôt le quatrième léger et le deuxième bataillon du premier de ligne, s'avançan t au pas de charge, enlevèrent cette position. Les constitutionnels en prirent alors une autre avec partie de leur infanterie et toute leur cavalerie ; mais le général Bonnmain les fit charger par le neuvième de chasseurs, soutenu par le quatrième, et flanqué par le premier et le quatrième léger et le bataillon du dixième de ligne. L'ennemi, culbuté de position en position, fut poursuivi l'épée dans les reins jusqu'au-delà de Mancha-Réal où nos troupes entrèrent à onze heures du soir, après quatorze heures de combat.

Dès le 13 septembre, le général Foissac-Latour avait envoyé le colonel d'Argout à la tête de trois escadrons de chasseurs et trois compagnies d'infanterie de la garde sur Bexija, pour de là se porter sur Jodar. Lui-même il s'était rendu avec les dragons et cinq autres compagnies du deuxième régiment de la garde à Baëza, afin de contenir l'ennemi. Le colonel d'Argout laissant son infanterie en arrière, fit diligence pour arriver à Jodar, que sa position semblait désigner comme un point décisif. Lorsque le colonel arriva, Riego y était déjà depuis une heure avec 1,500 fantassins et 500 cavaliers. Profitant habilement de la surprise que causait sa subite apparition, le colonel, sans se laisser retarder par le feu des postes, longe le village, et se porte avec rapidité sur l'infanterie ennemie qui s'était formée en deux carrés. L'un de ces carrés fut enfoncé par le premier escadron, qui, soutenu par le deuxième, se porta de suite sur la cavalerie et la mit en déroute. L'autre carré se sauva dans les montagnes. Cette audacieuse entreprise qui compléta la destruction d'un corps de constitutionnels déterminés, coûta à l'ennemi près de 700 prisonniers parmi lesquels une centaine d'officiers. A la suite de cette brillante affaire, près de cent officiers et 200 cavaliers de l'armée de Riego vinrent faire leur soumission au général Carundelet à Ubéda. Riego lui-même, abandonné des siens, fut arrêté le lendemain, près d'Arguillas, par des paysans, et conduit dans les prisons de la Caroline.

Le maréchal Moncey ayant appris que l'ennemi, qui d'abord avait fait mine de

marcher sur Urgel, se dirigeait sur Figuières, ordonna au général d'Arnauld, qui
était en observation au Perthus, avec une
colonne mobile, de partir pour Jonquières
pour, de là, rejoindre le baron de Damas.
Le général d'Arnauld exécutait les ordres
du maréchal, lorsqu'il apprit en route la dé-
fection de la colonne ennemie. En effet,
après une affaire très-vive, qui eut lieu le
15 septembre à Llado, et qui ne se termina
que le 16 à Llers, tout ce qui restait de cette
colonne, c'est-à-dire près de 2,000 hommes,
se rendirent à M. le baron de Damas. Dé-
barqué le 10 à Montgat, l'ennemi avait rapidement traversé la plaine de Catalogne
pour gagner les montagnes voisines, où, par
de nombreuses marches et contre-marches,
il avait cherché à masquer le but de son entreprise. Il paraît que le projet de ces constitutionnels était de s'établir à Figuières, d'y
organiser un corps d'armée, pour ensuite
occuper la plaine du Lampourdan. Mais dès
le 14, les généraux Damas et Maringoné
étaient à Llado en avant de Figuières avec le
troisième bataillon du cinquième de ligne,

les deux compagnies d'élite du deuxième bataillon de ce même corps, un bataillon du huitième de ligne, un bataillon de Catalans, et un escadron du vingt-deuxième de chasseurs. L'action s'engagea dans l'après-midi du 15, et dura jusqu'à la nuit sans avantage de part ni d'autre. Pendant la nuit, l'ennemi avait changé sa direction, pour se porter en avant de Llers; mais, soigneusement observé dans ses mouvemens, il se vit le 16, dès que le jour parut, en présence des mêmes troupes qui l'avaient arrêté la veille. Entre une heure et deux de l'après-midi, l'ennemi, masqué par des oliviers, déploya toutes ses forces, et, se présentant en colonnes serrées sur plusieurs point, marchait à nous de la manière la plus décidée. Un de nos officiers, posté en avant en reconnaissance, cria *vive le Roi!* Il fut répondu en termes bien français : *Nous savons que vous êtes libéraux, réunissez-vous à nous, et vous serez bien venus et bien traités*... Une vive fusillade fut l'unique replique à cet impertinent propos. Dès ce moment l'action s'engagea sur toute la ligne. L'ennemi se battait en désespéré. Les obstacles qu'il rencontrait redoublaient son acharnement. M. le baron de Damas, qui se trouvait au milieu des combattans, apercevant quelque hésitation sur un point, ordonna alors la charge au pas de course. Cet ordre, exécuté successivement sur toute la ligne, décida de la victoire.

Conformément aux ordres de S. A. R., le fort de Santi-Pétri, qui protégeait le ravitaillement de Cadix et appuyait l'extrême droite de la ligne ennemie, fut attaqué le 20 septembre par la divison de l'escadre commandée par le contre - amiral Desrotours, et composée des vaisseaux, le *Centaure*, le *Trident*, de la frégate la *Guerrière*; de la corvette l'*Isis*, et de l'aviso le *San-Christo*, ayant à bord cinq-cents hommes des douxièmes et vingt-quatrième régimens de ligne, commandés par le chef de bataillon Auxcoutaux du vingt-quatrième. Cette division eut à surmonter les plus grandes difficultés pour s'approcher du fort ; les vents furent presque toujours contraires et l'on ne pouvait s'avancer qu'en faisant sonder avec soin. Le *Centaure* monté par le contre-amiral Desro-

tours parvint pourtant à s'embosser à trois-
cent toises du fort ; à midi, le signal convenu
était donné aux batteries de terre chargées
de seconder l'attaque de la marine , le feu
commença avec la plus grande vigueur et se
soutint malgré ceux de Santi-Pétri et de la
pointe de l'île de Léon ; la canonnade dura
jusqu'à trois heures et demie. Les principales batteries du fort étaient démon-
técs, un incendie y avait lieu. Le contre-
amiral Desrotours, ayant alors dirigé sur ce
point les embarcations où avaient été placées
à l'avance les troupes de ligne auxquelles il
avait joint un détachement de grenadiers de
l'artillerie de marine, la garnison demanda
à se rendre et le fort fut immédiatement
occupé. Le résultat de cette audacieuse attaque, eut une grande influence sur la suite
des opérations militaires. Pour perpétuer le
souvenir de la prise du fort Santi-Pétri, le
vaisseau le *Centaure* sur lequel M. le contre-
amiral Desrotours avait son pavillon dans
cette glorieuse journée reçut par décision
royale le nom de Santi-Pétri.

Le mois de septembre fut marqué par des

événemens complètement décisifs contre la cause révolutionnaire. Le Trocadéro et le fort Santi-Pétri furent pris. Riego, le héros de la révolution, fut fait prisonnier et toute son armée anéantie. Les places importantes de Santona , de Pampelune, de Saint-Sébastien et de Figuières s'étaient rendues. Quelle ombre de chance pouvait désormais rester aux geoliers de Ferdinand ? *Tout est fini,* écrivait un des cortès: *Tout est perdu même l'honneur,* ajoutait un autre avec naïveté.

Cependant , les travaux militaires sur la ligne d'attaque contre l'île de Léon se poursuivaient encore le 28 septembre. Dans la matinée de ce même jour, le Prince généralissime était venu, malgré toutes les représentations, visiter la tranchée. L'ennemi s'apercevant de la visite que rendait à ces travaux un nombreux état-major, fit pleuvoir une grêle de boulets et de mitraille sur cette partie de nos ouvrages; ce qui n'empêcha pas S. A. R. de continuer tranquillement sa marche, jusqu'à ce qu'elle fût arrivée à la dernière de nos pièces la plus rapprochée de l'ennemi, contre l'affut de laquelle il s'appuya, malgré les observations du prince de Carignan lui-même et le feu de la place. Le Prince après avoir tout examiné, reprit le chemin du camp avec un sang-froid admirable, et toujours accompagné dans un espace de mille a onze-cents toises, par le feu des batteries espagnoles. Un boulet passa à deux ou trois pieds sur la tête de Monseigneur, pour aller traverser le parapet en sable contre lequel était S. A. R., et tous ceux qui l'accompagnaient furent couverts du sable de ce parapet. Il serait difficile de décrire l'inquiétude qu'éprouvaient pour le prince, les personnes qui avaient l'honneur d'être auprès de lui. Mais S. A. R. au contraire montrait une sécurité admirable. « *Vous con-* « *viendrez*, disait-il, *que si je suis tué, je fini-* « *rai en bonne compagnie et à la française.* »

Le général Larochejaquelein que le duc de Reggio avait posté, sur le Tage à Naval-Moral, avec sa brigade, prêt à passer ce fleuve, afin de se porter par Truxillo sur Badajoz, en même temps que le général Bourck se présenterait devant Cuidad-Rodrigo, se porta sur-le-champ vers le point menacé avec le premier de hussards, le septième de chasseurs, le septième léger et deux pièces d'artillerie. Le 30 au matin, il fit passer sa brigade sur la rive gauche, ce qui décida l'ennemi à battre en retraite. Après avoir suivi le mouvement des constitutionnels pendant plus d'une lieue, le général Laroche-jaquelein trouva les masses ennemies en bataille sur le plateau de Puerto-de-Mirabet. Aussitôt il s'élance avec impétuosité sur la cavalerie constitutionnelle, la culbute et la met en déroute. Dans le même temps, le septième léger débusquait les tirailleurs ennemis postés dans les rochers, et enlevait au pas de charge une hauteur couronnée par par l'infanterie espagnole.

Tous les préparatifs pour une attaque sur l'île de Léon étaient terminés. La brigade de la garde-royale aux ordres du général d'Ambrugeac, et celle du deuxième corps, commandée par le général Ordonneau, réunies sous le commandement du lieutenant-général Bourmont, étaient à bord de l'escadre, depuis le 25 septembre. Les forces navales, sous le commandement en chef du

contre-amiral Duperré, allaient effectuer le
débarquement de ces troupes, et seconder
leurs opérations. L'équipage de pont, destiné au passage de celles qui devaient pénétrer
dans l'île par l'embouchure de Rio-Santi-
Petri, y était réuni. Toutes les batteries
établies du côté de la terre, tant sur ce point
que devant le pont de Zuazo et au Trocadero
étaient entièrement achevées. Déjà S. A. R.
était à Chiclana, et ses ordres pour attaquer
étaient donnés : on n'attendait plus que le signal, lorsque l'ennemi reconnaissant qu'il
ne pourrait pas résister aux moyens que
nous étions parvenus à réunir, et qu'augmentait surtout l'ardeur de nos troupes,
chercha dans son roi captif, un refuge contre
les désastres dont il était menacé. Tout pouvoir fut enfin rendu à S. M. C. Un de ses officiers de confiance, M. le comte de Torrès,
apporta à S. A. R., à Chiclana, la lettre par
laquelle Ferdinand annonçait son arrivée
prochaine au quartier-général du prince
généralissime. En effet, le premier octobre,
le roi et la reine d'Espagne, accompagnés
des princes et de la famille royale, s'em-

barquèrent à Cadix , au bruit de l'artillerie de cette ville et de toute la côte , et
favorisés par le plus beau temps, arrivèrent à onze heures et demie au port Sainte-
Marie où ils furent reçus par Monseigneur le
duc d'Angoulème, le prince de Carignan et
les généraux français, le duc de l'Infantado,
le comte de la Puebla, don Victor Saëz,
don J. M. Carvajal; don J. M. Villavicencio;
le marquis de Talaru , ambassadeur de
France; le comte de Boutourlin, aide-de-
camp de l'empereur de Russie, et plusieurs
autres personnages de distinction. Mgr. le
duc d'Angoulème fut recevoir LL. MM. à
l'entrée du port. S. A. R. se jeta d'abord aux
genoux du roi d'Espagne, qui le releva aussitôt pour l'embrasser. La reine présenta sa
main au fils de France, qui la baisa respec-
tueusement. L'émotion de l'infant don Carlos, de l'infant Francisco de Paule et des
princesses à l'aspect de leur auguste libérateur, ajoutaient encore à cette scène touchante. Quant à nos troupes, tout en parta-
geant la satisfaction que causait à leur vaillant chef un aussi heureux résultat, elles

semblaient regretter de ne pouvoir plus combattre pour donner de nouvelles preuves de leur valeur et de leur dévouement.

D'après les ordres de S. M. C. les principaux postes de l'île de Léon et de Cadix furent remis dès le 3, aux troupes françaises; et les troupes espagnoles s'étant mises en marche pour les cantonnemens qui leur avaient été assignés, nous occupames le 4 la totalité de l'île ainsi que la place. Notre escadre entra le même jour dans la baie de Cadix, et débarqua aussitôt les troupes qui étaient à son bord.

Le Roi, dans son discours à l'ouverture de la dernière session, avait dit: « Si la guerre » est inévitable, je mettrai tous mes soins à » en resserrer le cercle, à en borner la du- » rée; elle ne sera entreprise que pour con- » quérir la paix, que l'état de l'Espagne ren- » drait impossible. Que Ferdinand VII soit » libre de donner à ses peuples les institu- » tions qu'ils ne peuvent tenir que de lui, » et qui, en assurant leur repos, dissiperont » les justes inquiétudes de la France; dès » ce moment, les hostilités cesseront; j'en

» prends devant vous, messieurs, le solen-
» nel engagement. »

Les paroles royales se sont accomplies. Notre armée, après avoir consolidé la pacification de la péninsule, va rentrer dans ses foyers, accompagnée des bénédictions de l'humanité et de l'admiration générale. Déjà, pour perpétuer le souvenir de ses hauts faits, le roi vient de lui décerner un arc de triomphe. Le même jour (9 octobre), le comte Molitor a été élevé au grade de maréchal de France. S. M. l'a créé en outre pair du royame, ainsi que les comtes Guilleminot major-général, les lieutenans généraux Bourmont, Bordesoult, Bourck et le baron de Damas. Les insignes de la grande croix de Saint-Louis ont été envoyés au maréchal Moncey. Enfin le marquis de Lauriston, admis dès le 6 juin au rang des maréchaux, vient d'être nommé commandeur des ordres de Sa Majesté. C'est sur le théâtre même de ses exploits que notre brave armée a appris ces promotions glorieuses. Nos soldats ont vu comment nos princes se battent. Ils vont savoir comme ils récompensent.

Un monument digne de son objet va s'élever pour acquitter, en général envers l'armée, les dettes de gloire qu'elle a rendues trop nombreuses pour qu'on puisse les payer à tous en particulier.

NOMS

DES MILITAIRES DE TOUS GRADES,

QUI SE SONT DISTINGUÉS

DANS LA CAMPAGNE DE 1823.

S. A. R. Monseigneur le DUC D'ANGOULÊME, *généralissime de l'armée des Pyrénées.*

LL. EE. les Maréchaux de France :

Oudinot, duc de Reggio, commandant le premier corps ; le comte Molitor, commandant le second corps ; le prince de Hohenlohe, commandant le troisième corps ; Moncey, duc de Conégliano, commandant le quatrième corps ; le marquis de Lauriston, commandant le cinquième corps.

MM. les lieutenans-généraux des armées du Roi et Maréchaux de camp :

De Guiche, Guilleminot, Bordesoult, Bourmont, Dode, Tirlet, Obert, de Dino, de Béthisy, Gougeon, Descars, de Faverges, Vallin, Lauriston, Saint-Mars, Foissac-Latour, d'Ambrugeac, le prince de Carignan, Bourck, Loverdo, Domon, Bonnemain, Corsin, Saint-Chamans, Buchet, Hue ber, Marguerye, Larochejaquelein , d'Albignac, Vincent, Levavasseur, Ordonneau, Faverot , d'Arbaud - Jouques , de Vittré , Pelleport , Roussel d'Hurbet , Berthier , Schœffer, Ricard , Donnadieu, Curial , d'Eroles, d'Espagne; Fleury, Desprez , Berge, Damas , Pamphile - Lacroix , de Conchy , de Saint-Priest , de Vence, de Peccaduc, Montgardé, Achard, Tromelin, Fant'n dès Odoarts, Latour-Dupin, Maringoné , Vasserot, Laroche-Aymon, d'Arnauld , Garbé, Jamin , Pécheux , Damrémont , Tressan , Fernig, Higonet, O'Mahony, Hurel, Bruny, d'Hautefeuille , etc.

Les Amiraux :

Duperré , Hamelin , Desrotours.

<hr>

St.-Sébastien , avril.	le sergent Lebeau.
22e, 3oe, 35e de ligne : le lieut.-col. Delahitte. les capit. Dépau, Doussières.	le tambour Matreau. Chas. de la Dordogne : le commandant Ducos Chabanne. le capit. de Merville.
Logrono , 18 avril.	le marechal - des - logis Dorade.
2e de ligne : le capit. Seyvou.	le tromp. Tonnelier.
2oe de ligne : le capit. Fagron.	Hussards du Bas-Rhin : le colonel Muller.

le capit. Jouffroy
le sous-lieut. Obled.
État-Major :
le capit. Imbert.

Astorga, 2 juin.

1er de Hussards ;
le chef d'escadron Vidal.
le lieutenant Joleau.
7e de Chasseurs :
le capit. Cretet.
les lieutenans Giroust,
Laurent, Beleden.
les maréchaux-des-logis
Dartis, Lacroix.
les brigadiers Blanc,
Samson.
État-Major :
le capit. Fernel.
les offi. d'ord. Alingry,
Monsondun.

Lérida, 6 Juin.

8e léger :
le col. Levasseur.
4e de chasseurs :
le lieutenant Auger.
le maréchal-des-logis Mi-
rat.
le chasseur Lamarche.

*Talaveyra-de-la-
Reyna. 62 Mai.*

9e de Chasseurs :
le chef d'escad. de Cha-
bannes.
9e léger :
le capit. Campagniac.
13e léger :
le lieutenant Milon.

État-Major :
les cap. de Bouillé, Ma-
thias.

Visillo, 8 Juin.

chasseurs de la garde :
le col. d'Agoult.
le capit. Brobecque.
l'offi. pay. Durieux.
les brigad. Broun, Parat.

Elviso, 8 Juin.

la brigade du prince de
Carignan.

Vilches, 9 Juin.

Chasseurs de la garde et
2e de ligne :
les offi. Durieux, d'O-
sembray, Duchayla,
Vidichers, Verlanges,
Chailau.
les serg. Strayer, Clare.
les chas. Lecomte La-
peyrie.
État-Major :
le capit. Borne.

Aja, 14 Juin.

12e léger :
le col. Roquemaurel.
le chef de bataillon Sil-
lègue.
le capit. Lavoltaire.
le serg.-maj. Bodemer.
2e de ligne :
le chef de bataillon Ro-
quefeuille.
le capit. Luiggi.
le sergent Concal.

Etat-Major:
l'off. d'ord. Gomel.

Alcira, 16 *Juin.*

4e léger:
le colonel Buchet.
le chef de batail. Cosse.
le capitaine Roveda.
l'adj.-maj. Zey.
les lieut. Bessac, Osepy.
les serg.-maj. Gaillard,
Boiron.
les serg. Philippot, Bon-
net, Pizé, Zadreyt.
les caporaux Bonneton,
Milery, Bernard, Jau-
me.
le cornet Grenier.
les voltig. Dubis, Reg-
naud, Mesonas.
les soldats Cornut, fré-
mont, Latrière.
10e de Chasseurs;
le lieutenant Dupont.
le sous-lieut. Bernier.
le maréchal - des - logis
Leroi.
le brigadier Jote.
les chas. Jaillet, Fournel.
Bousquet, Hausser.

19e de Chasseurs:
le lieut. Dutel.
les brigadiers Davet, Ro-
bert.
les chasseurs Guerrou,
Baum, Agisson.
État-Major:
les capit. Lonlay. Tilly.

San-Lucar-la-Mayor,
19 *Juin.*

9e de Chasseurs:
le col. d'Hautpoul.
le chef d'esc. Maison-
neuve.
les lieut. Gaudin, Fou-
quainville.
les maréchaux-des-logis
Lafargue, Dresklus
5e de Hussards:
le col. Muller.
le capit. Ladoubert.
l'adj.-maj. Pétin.
le sous-lieut. Lefer.
l'adj-sous-offi. Kaeiss.
les maréchaux-des-logis
Dumaine, Gesle.
le brig. Deschy.
le huss. Schekell.
État-Major:
l'aide-de-camp Delarue.

Saint-Sébastien,
19 *Juin.*

5e léger.
le capit. Nebel.
le lieut. Connoc.
le sergent Esbourlaty.
les carabiniers Boineau,
Mahé.

17e
les capit. Camon, Ra-
baudy.
le serg. Mounier.
État-Major:
le capit. Conrad.

13

San-Juan-del-Puerto,
20 *Juin.*

7e et 9e de Dragons:
le col. D'hautefeuille.
le chef-d'escadron Cor-
nulier.
les capit. Kœnig, Du-
breuil, Forestier.
les maréchaux-des-logis
Bou'on, Lahaut.
Etat-Major :
les offi. Duchesne, de
Bourmont.

Puente de Tieras,

22 *Juin.*

7e léger :
le lieut. col de Bony.
les capit. Saint-Firmin,
de Berry.
le sergent Galett.
le fourier Cassel.
le caporal Loichay.
le chasseur Gaultner.

21e de ligne :
le lieutenant Courtin.
le sous-lieut. Huber.
le voltig. Michel.

15e de ligne :
le chef de batail. Mont-
choisy.
les capit. Allain, Cousin,
Balza.
les serg.-maj. Cheva-
lier, Pagès.
les serg. Revoal, Le-
peule, Saunier,
Amiot.

le caporal Favier.
le grenadier Masson.
Etat-Major :
le capitaine Fromentin.

Fort St.-Jean près
Mures, 23 Juin.

4e de Hussards:
le chef d'escadron Beau-
metz.
les brigadiers Chapelier,
Constant.
17e de Chasseur :
les lieut. Duez, Kersoly.
le maréchal - des - logis
Poncet.

Couvion, 23 Juin.

21e de ligne :
le col. Goutefray.
le chef de bataillon de la
Georgette.
les capitaines Legomain,
Bout, Pourier, Lia-
tier.
les lieut. Bedos, Saint-
Genis.
les sous-lieut. Gallois,
Lami.
les serg. Serel, Robert.
le caporal Soubrié.
le tamb. Brosseau.
le voltig. Richard.
Etat-Major :
le capit. Geoffroy d'As-
tier.

La Cabéza, 26 Juin.

Dragons de la garde :
le col. duc de Fimarçon.

le chef d'escadron Balincourt.
le capit. Reviers.
les lieut. de Staplando, d'Oraison.
les maréchaux-des-logis Cordier, Hontelar.
les brigadiers Jannot, Schuster, Fourneaux.
les dragous Guillotin, Quien, Deforge.

Mansanale, 26 Juin.

7e de Chasseurs :
le maréchal - des - logis Denis.

Santona, 2 Juillet,

35e régiment de ligne :
le capit. Reyzet.
les lieut. Boy, Kessler.
le sous-lieut. Selhausen.
le serg.-maj. Erny.
le four. Heutsache.
les caporaux Froidevaux, Pierre, Marly, Nausac.

21e de ligne :
le capit. Bénard.
le lieut. Archias.
le sous-lieut. Brette.
le serg. Poupard.
le caporal Durand.
le fusilier Touzet.

Molins del Rey, 9 Juillet.

le 18e de ligne, le 5e de Chasseurs :

le col. Nourry.

le 3e de ligne.
le col. Fantin des Odoarts,
le col. de Fitz James.

6e de Hussards,

26e de ligne :

Esplugas, 9 Juillet.

la Brigade Vasserot.

Lorca, 13 Juillet.

4e léger :
le chef de batail. Deladernade
les capit. Cousin, Roveda, Castamagna, Duval, Guilhaamont, Paté, Servier.
les lieut. Cosse, Tracol, Veiller.
le sous-lieut. Astruc.
l'adj.-sous-offi. Butherin.
les serg.-maj. Buffières, Mazoyer, Rocheret, Philippot.
les serg. Peyronard, Ligonesche.
les caporaux Roussel, Mazoyer.
le sapeur Yieux.
le tambour Arsenac.
les carab. Faure, Eymard, Ducoing.
le voltig. Maisounas.
les fusiliers Gresse, Blaissac.

Barcelonne,
13 *Juillet.*

32e de ligne :
le col. Monck Duzer.
le capit. Musias.
le caporal Chanoz.
le voltigeur Delahaye.
60e de ligne :
le lieut. Arnal.
le caporal Leclerc.
Etat-Major :
le col. de Tholosé.

La Corogne,
15 *Juillet.*

7e léger :
27e
37e } de ligne.
38e
le lieut.-col. Brémont,
du 22e.
Etat-Major :
le lieut. d'Estabenrath.

Saint-Sébastien,
15 *Juillet.*

19e léger :
le col. Clonet.
25e de ligne :
le chef de batail. Feit-
zamel.
le capit. Gaultier.
l'adj.-maj. Voisin.
le lieut. Leautier.
41e de ligne :
les capit. Sereynas, Le-
monnier.
le lieut. Boudot.
le serg. Michel.

le grenadier Marti.
le voltigeur Cazenaye.
Génie :
le capit. Vieux.

Trocadéro,
16 *Juillet.*

20e de ligne :
le col. Montcalm.
le lieut.-col. Horric.
les chefs de batail. La-
chapelle, Humblet.
les capit. Fernel, Didier,
Menuisier.
les adjud.-maj. Dejaen,
blanc.
le lieut. Grenier.
le sous-lieut. Cazeau.
le serg. Boucaut.
27e de ligne :
le col. O'neitte.
le chef de batail. Barrin.
34e de ligne :
le col. Farincourt.
le capit. Barbotte.
les lieutenans Mannier,
Mottet.
le serg. Fizchter.
le voltig. Hameu.
36e de ligne :
le col. Mauriss.
le lieut.-col. Rullières.
le chef de batail. Monis-
trol.
les capit. Cousé, Petit-
Jean, Perrotin, Vil-
lemain.
les lieut. Domarle, Ar-
thuis.
le sous-lieut. Darbois.

les serg.-maj. Lardet,
Bittergut , Rosset ,
Christophe.
le four. Ricard.
les serg. Pernetty, Fri-
chet.
le caporal Maurice.
le grenadier Luider.
le voltigeur Lacroix.
2e de Dragons :
l'adj.-sous-offi. Chal-
met.
3e du génie :
le capit. Lemaire.
Artillerie de la garde :
le chef-d'esc. Foucaut.
le lieut. Beret.
Etat-Major :
les cap. Dupouy, Mont-
morency , Rousselet.
le lieut. Brice.

Pampelune,
18 *Juillet.*

3e léger :
le col. de Tressan.
les chefs de bataillon La-
voierie, Sainte - Co-
lombe.
le capit. Gourhaëi.
le sergent Blanc.
les caporaux Flandin ,
Bastain.
9e de ligne :
les chefs de batail. Maus-
sion , Baragney ,
d'Hille.
6e de ligne :
le col. d'Arsine.

Roda , 18 *Juillet,*
5e de Dragons :
le col. d'Hautpoul.
le 4e de ligne :
Jorba , 24 *Juillt,*

16e de ligne :
le col. Dalvymare.
le chef de batail. Bonne.
les capit. Havard, Da-
cheux.
le lieutenant Van-Der-
linden.
le sous-lieutenant Da-
cheux , Leriziat.
les serg. Roux, Rieux.
les caporaux Robet, Val-
crose , Roussieux ,
Fournier.
les grén. Lauthier.Hus-
son, Gerbouil, Matté,
Tartrat.
les volt. Passel , Cartel,
Rolland.
les fusil.Mouret,Moine,
Vatte , Coustelle.
6oe de ligne :
le col. Monck d'Uzer.
les chefs de bat. Bégin,
Schwits.
les capit. Minard , Ra-
bier, Riban,De Résie.
les lieut. Changarnier,
Desbets , Chausson ,
Bourdon.
les serg.-maj. Georget,
Leclercq.
le four. Tortel.
les fusil. Lambert. Co-

Tigny-Courteau.
Artillerie.
les lieut. De la Plesse, Gehard.
le maréc.-des-logis Goiraud.
le sold. du train Doisnard.

8e de Chasseurs.
les chefs d'esc. Sparre, Du Saillans.
les capit. Font Philippe.
le lieut. Saulin.
le maréc.-des-logis R. Merel.

Guadalhuertuna.
25 *Juillet.*

10e de Chasseurs.
le col. de Seran.
19e de Chasseus.
De Choiseul, colonel.

Campillo. 28 *juillet.*

1er de ligne.
le col. Saporta.
8e léger.
le col. Levavasseur.
4e léger.
le col. Chambrun.
11e de ligne.
le col. D'Houtetot.
24e de ligne.
le col. Verdier.
4e de Chasseurs.
le col. de Castries.
20e de Chasseurs.
le col. de Sourdis.
le capit. Lanferna.

Barcelone, 30 juillet.
23e de Chasseurs.
le col. Nicolas.
les ch.-d'esc. De Bisuel.
les lieut. De Quilleroy, Budan.
6e léger.
le col. Hurel.
les capit. Robert, Vallet, Picot.
les lieut. Olry, Lecoq, Lajaumont, Gaillard.
les serg. Barthis, Fréte.
les cap. Cally, Roby.
le chass. Maritout.
19e de ligne.
le ch. de bat. Alquier.
les capit. Filliot, Duchayson.
le lieut. Gaibourcia.
l'adj.-maj. Barthe.
les serg. Maris. Picot.
les volt. Gavary, Grillé.
Artillerie.
le lieut. Carnot.
le maréc.-des-log.
État-major.
les capit. De Rospice, Foucher, de Rancé.
off. d'ord. Bourgoin, Lepelletier.

Tarragone,
27, 28, 29 *août.*
31e de ligne.
le col. Thilorier.
le ch. de bat. Foucher.
les capit. Mouff, Roy, Cheruel, Bertrand.

les lieut. Elie , Legris.
les sous-lieut. du Moret.
  Lusignan.
le serg.-maj. Rodolph.
les serg. Appé, Colinet,
  Thilorier, Taffard.
les capor. Jarossey, de
  Coffre.
le gren. Vallier.
le volt. Romet.
le tamb.-maj. Babitch.
    6e de Chasseurs.
le col. Conrtier.
les capit. Kœnig, Le-
  febvre.
le lieut. Cernay.
les s.-lieut. Carabon,
  Henry.
    Artillerie :
les lieut. Puech, Gehard.
le mar.-des-log. Dannes.
    État-major.
le ch. de bat. Dubarret.
le capit. De Mayria.
le lieut. De Caux.
    18e de ligne.
le col. De Fitz-James.
les capit. Ducasse, Dar-
  racq. Sarret, Des-
  combes, Hervé.
l'adjud.-maj. Prasferré,
  Meynard, Lassou.
les lieuten. Lassansan,
  Loyer, Allard, Dor-
  rignac, Bedbeder,
  Bartouilh.
les sous-l. Laterrade,
  Massy. de Laurens.

serg.m. Gigault, Viques,
  Labal.
serg. Laban, Dorbes,
  Loubens, Dussaut.
le cap. Seris.
le fus. Perrel.
    1er léger.
Le lieut-col. Roussel.
les lieut. Limoges Ory.
le s.-lieut. Barral.
le serg. Poussard.
le cap. Roulet.
le volt. Rahire.
    Artillerie.
le capit. Lelièvre.
le serg.maj. Étienne.
le serg. Barbier
le cap. Laburthe.
le canon. Cros.
    État-major.
les lieuten. Milanges,
  Dourmet, Dubosc.
le col. Revel du 1er lég.
le ch. de bat. Vitrolles.
    Suite du 1er léger.
les capit. Floucaud, Ro-
  mangin, Eymer, Le-
  goullon, Ponsilly, de
  Taurines, Montès.
les lieut. Orry, Latude,
  Filiastre, Véré.
sous-lieut. Drolenvaux,
  Sala, Canal
adj.-s.-off. Ferry.
serg.-m. Henry, Rouille.
serg. Brichet, Breton,
  Pelletier.
capor. Robelin.

volt. Husson.
les chass. Droy, Quéry,
Levernet.
les clairons Jacquet,
Chevalier.
     8e de ligne.
le col. Salperwick.
le lieut.-col. Cottenet.
le ch. de bat. Leblanc.
les cap. Thibant, Petit,
Sirugue, St-André.
les lieut. Bonnet, Bal-
dram, Anfray, Wa-
nant, Conston.
les s.-lieut. Collard,
Vidal, Guignard,
Lavaux.
les serg-maj. Lhorloger,
Jarraud.
les serg. Culand, Maros,
Boiletot.
le fourier. Boistard.
les cap Grelaud. Duvet.
le grenadier Silvestre.
les volt. Le Chevalier,
Roi.
les fusil. Morot. Gris.
    16e de ligne.
les ch. de bat. Bonne,
Grégoire.
les capit. Barthelemy,
François, Suisse, Gra-
bowsky, Rollin, Chas-
telet, Flavard, Genne
ciaux, Sauboul, Beau-
frère.
les lieut. Marson, Julien,
Petre, Boissière, De-
ricq.
le s.-lieut. Audigier.

les serg. Calaret, Du-
rand, Bernard, Hubert.
les serg.-maj. Dubourg,
Aldin, Gillet.
les cap. Salomon, Cha-
bert. Bourelly.
les volt. Bullot, Thomas,
Croc.
les fus. Derouet, Mayeux.
l'aide-chir. Lemaitre.
    60e de ligne.
le ch. de bat. Reboul-
Cavalery.
le cap. Boussès de la
Grange.
les lieut. Barbier, Fois-
sey, de Molenas.
le sous-l. De Sansay.
l'adj. s.-off. Labaille.
les sergens Courtade,
Comte, Batriot.
le cap. Petit.
le clair. Septier.
le volt. Lebout.

Trocadéro, 31 août.

  3e rég. de la garde.
le colonel Montferré.
les ch. de bat Miremont,
Lassenie.
les cap. Bermont de Va-
cherez, de Montferré,
les lieut. De la Vilatte,
de Martol, Siméon.
les sous-lieut. Bascher,
Serault. Delacour.
le serg. Camaillot.
6e rég. d'inf. de la Garde.
les cap. Delagranville,
Poultier, de Galand,

de Chaulny, Stengel.
le lieut. Souillard.
le s.-lieut. Cochereau.
le serg. Ledent.
   7e régim. de la garde.
les ch. de bat. De Muralt-
   Errafenried.
les cap. De Blarer, de
   Larac.
le lieut. De la Vallez.
le sous-l. De Bernouilly.
l'adj. s.-off. Borella.
le serg. Schulz.
   34e de ligne.
le col. De Farencourt.
le lieut. Groolers.
   36e de ligne.
le ch. de bat. Monistrol.
les cap. Couté, Petit-
   Jean.
   Artillerie :
le col. de la Hitte.
le capit. Damens.
le lieut. Villeret.
   Génie :
le lieut.-col. Dupau.
le capit. Borne.
   Sapeurs :
le capit. Giclat.
le lieut. Ronnac.
   Offi. d'état-major :
MM. Rosambo, Labois-
   sière, Lenoux, Vaille,
   Saint-Brice, Cam-
   predon, Ligniville, de
   Lorge, Coulomé,
   Chevigné, Chasse-
   loup.
   Offi. Sardes :

le col. d'Isasca.
le capit. Costa.

Malaga,
26, 27 Août, 4 Sept.

   19e de Chasseurs :
le col. de Choiseul.
   20e de Chasseurs :
le col. Tessier de Ma-
   rouse.
   10e de Dragons :
le col. de Villatte.
le lieu.-c. de Compiègne.
   1er de ligne :
le chef de batail. Fla-
   mant.
   8e léger :
le chef de batail. Tala-
   bot.

Pampelune, 3 et 11
Septembre.

   20e léger :
   33e de ligne,
   40e de ligne,
   3e léger :
le col. Saint-Gilles.
le chef de batail. Saine-
   Colombe.
   3e de Hussards :
   4e de Chasseurs :
   Génie :
le col. Schneider. Des-
   chaïlards.
le lieut.-col. Lafaisse.
les chefs de batail. De-
   merlis, Lemercier,
   Répécaud.

Montefrio, 9 Septe.,

29e de ligne :
20e de Chasseurs .
le col. Tessier.

Barcelone, 10 Sept.,

12e léger :
le capit. Yben.
6e Hussards:
le lieut. Debroch.
le hussard Cornier.
26e de ligne :
le capit. Pain.
le lieut. Moreau.
Artillerie:
le com. Demetz.
le capit. Réguis
Etat-Major :
le capit. Matelin.
le lieut. Curel.

Barcelone, 12 Sept.,

18e Chasseurs :
le col. Beaumont.
6e léger :
le capit. Jannot.
7e de ligne :
le col. D'arlanges.
le chef de batail. Guil-
labert.
le capit. Maruet.
le lieut. Massé.
le serg. Jehan.
19e de ligne :
le capit. Maire.
le lieut. Faberne.
le sous.lieut. Saller.

le serg. Girard.
32e de ligne :
le col. Dutertre.
le chef de batail. Rossy.
les capit. Berard, Her-
baud
les lieut. Jacquinet, Chef,
Brunel, Blottefière,
Nouvel.
le sous-lieut. Toucas.
le serg. Vétu.
le voltig. Choseille.
Artillerie :
le col. Marilhac.
le chef de batail. Melz.
les cap. Réquis, Lanoue,
Colliot.
le lieut. Levesque.
les serg.-maj. Richard,
Aubry.
les serg. Prieur, Detz.
les maréchaux-des-logis
Feriot, Martin.
le brigadier Bas.
Etat-Major :
le chef de batail. Mon-
carville.
le capit. de Rospice.
le lieut. Bernard.
Administration :
le sous-intend. militaire
Sermet.
le chir. major. Helbec-
que.
le direct.-d'ambul. Reiss.
l'aide-maj. Meige.

Manchal-Réals,
13 *Sept.*

1e légerr.
4e léger.
1er de ligne.
10e de ligne.
4e de chasseurs.
19e de chasseurs.

Jodar, 14 *Septembre.*
Chasseurs de la garde :
le col. d'Argont.
le lieut.-col. Château-
briant.
le chef d'esc.- Monzin
de Bernecourt.
les capit. Saint-Victor,
Desfourniel.
les lieut. Lamotte, Rou-
ge
lieut.-aid.-maj. Tout-
fait.
le sous-lieut. Légal, De-
brye.
les maréchaux-des-logis
Remye, Lefebvre.
les brigadiers Chapit,
Aymet, Cornellau.
les chasseurs Leriche,
Perreau, Bertrand,
Prat.

Santi-Pétri, 20 *Sept.*
Marine :
le comte amiral Desro-
tours.

le capit de vais Boniface.
les capit. de frég. Lainé,
Téliot.
les lieut. de vais. Trottel,
Kerdrain, Lemaitre,
Clément, Hervieux,
Barthélemy, Thibaud.
les enseignes Coulon,
Marchand, Bermont.
le capit. d'artillerie Thé-
venard.
le sous-lieut. Sénoux.
le chef de timonerie Be-
yot.
le maître d'équipage Si-
mon.
les canon. Anol, Perdrix,
Messager.
l'adj.-maj. Forêt, du 24e
de ligne.
Batterie de terre et de la
Falaise.
le chef de batail. Gosse.
les capit. Castel, Au-
riousse.
les lieut. Oubré, Lebrun,
Gérardin, Coulogne.
les serg. Gondelin, Théo-
balde.
les caporaux Tessier, Va-
bre.
les can. Nicole, Blanc.
Artillerie de la garde :
le lieut. Beret.

Cadix, 23 *Sept.,*
le comtre-amiral Du-
perré.

le capit. de Fr. Longue-
 ville.
les lieut. Bretteville,
 Estellé, de Bros, Da-
 gorne, Bellanger.
l'enseigne Beauzée.
le patron Pignatelli.
les élèves Dubourdieu,

Blanc, Pomonti, Bil-
 lette, Montfort, Bos-
 cal de Réals.
le caporal Gachet.
le chirurg. Rivoallant.
l'agent-comp. Guei-
 rard.

FIN.